JN084997

Urban Farming Life

近藤ヒデノリ
+
Tokyo Urban Farming
監修

CONTENTS

Tokyoを食べられる森にしよう

Regenerative Lifedesign in Cities

都市のリジェネラティブ（再生型）ライフデザイン

都市の遊休地や屋上は、ただの空き地ではない。
そこはみんなの創造性を生かして、
自然や人とつながるためのコモンズだ。
ただの緑化ではなく、畑をつくろう。果樹を植えよう。
駅やオフィス、自宅の庭やベランダに無数の小さな畑をつくって、
Tokyoを食べられる森にしよう。

それは、都会の真ん中ではじまる地産地消。
自分の手で土に触れ、食べものを育てる。
採れたての野菜を、仲間とわかちあう。
Farm to Tableイベントやワークショップを楽しむ。
食べ残しのゴミも、コンポストで豊かな堆肥に変わる。
フードロス解消やCO_2削減にもつながる。

それは、ただの消費者から、文化の創造者になること。
個人も、企業も、行政も垣根を越えて活かしあい、
自分を、地域を、都市を、環境をサステナブルに再生していくことだ。

こんな時代だからこそ、みんなの手と創造性で、
地に足のついた新しいライフスタイルを創っていこう。

近藤ヒデノリ

Tokyo Urban Farming 発起人
（UNIVERSITY of CREATIVITY）

Tokyo Urban Farmingとは、UoC（UNIVERSITY of CREATIVITY）が「Tokyoを食べられ
る森にしよう」を掛け声に、賛同いただいた企業や団体、個人とともに2021年に発足した都市
のリジェネレイティブな農的ライフスタイルを創造・発信していくオープンプラットフォームです。

なぜ今、
アーバンファーミングなのか

アーバンファーミングとは、成熟の時代における都市のリジェネラティブ（再生型）な農的ライフスタイルだ。本書では、農家による野菜生産や販売を主とした"農業"ではなく、誰もが自宅や市民農園、コミュニティファーム等で仲間と野菜を育てたり、食べたり、学んだり、生ゴミをコンポストで堆肥にするなど、都市において人と自然、人と人がつながる"農的"生活文化を指している。

そんなの昔からあったじゃないかと思われるかもしれないが、コロナ禍やその背景にある地球温暖化、気候変動、生物多様性などの社会問題をはじめ、本当の豊かさやウェルビーイング、コミュニティの大切さが見直されるなかで、人も、地域も、都市も、環境も再生していくライフスタイルとして、アーバンファーミングが急速に注目されているのだ。

コロナ禍で加速した
"本当の豊かさ"の希求

アーバンファーミングがあらためて注目を集めたきっかけがコロナ禍だ。新型コロナウイルスの感染拡大で「三密」や「ステイホーム」が叫ばれ、外出自粛要請が発令されたなか、自宅の庭やベランダ、市民農園で野菜を育てる人が急増した。ホームセンターの売上でDIY・ガーデニング用品の売上が3割を占め、タキイ種苗株式会社による調査では、現在家庭菜園をしている人のうちコロナ禍以降に始めた人が4割を占めたという。貸農園「シェア畑」を展開する株式会社アグリメディアでは、コロナ禍で新規契約数が2倍に増加。従来多かったシニア層が減少した一方で、リモートワーク中の会社員、食育に熱心なファミリーなど、比較的若い現役世代を主体としているのが特徴だ。『レジャー白書2021』においても、「園芸、庭いじり」は前年度2019年の16位から11位に上昇。参加する年齢層も2020年度は10〜30代の構成比が上昇している。

こうした若い世代のアーバンファーミングへの参加が増えた直接のきっかけは、コロナ禍で激変したワークスタイルによる影響や、緊急事態宣言下のスーパーで空っぽになった食品棚に感じた不安もあっただろう。しかし、それは「成長から、成熟の時代へ」と叫ばれながらデフレが続いてきた日本の「失われた30年」で、「スローライフ」や「半農半X」、「ダウンシフト」など、暮らしの本当の豊かさやクオリティ・オブ・ライフを希求する種がコロナ禍を機に、一気に芽吹いてきたといえる。

多様な関係性から広がる
アーバンファーミングの新たな潮流

農林水産省の発表によれば、東京都の食料自給率はついに0%（2020年 0.45%/四捨五入）に。戦後に減少し続けてきた23区の農地も約1%（農水省）。農家の高齢化に伴う担い手不

足など都市における従来の"農業"が縮小し続ける一方で、近年、市民農園や農業体験農園を開設しやすい法的仕組みも整備され、都市の"農的空間"は増え続けている。

全国の市民農園数は、1992年の691農園、面積291haから、2020年には4211農園、1294haとこの30年弱でおよそ6倍に増加している。さらに、こうした従来の市民農園だけでなく、ビルの屋上農園やコミュニティファーム、食べられる公園など、行政と市民、企業、大学、NPOなど農家以外の多様な主体が運営する農的空間が増え、野菜を育てるだけでなく、食育や様々な体験イベントを通じた交流など、都市の中で多様な形で農の豊かさをシェアする新たな潮流が生まれている。従来の市民農園のような区画制ではなく、仲間と畑をシェアして共に育て、収穫物を分かち合う場が増えているのも特徴のひとつだ。

本書では、こうしたアーバンファーミングの新たな潮流を東京23区にしぼって、12のケースと6人のキーパーソンほか、その底流にある思想や表現、文化を紹介している。詳しくはケーススタディを見てほしいが、その潮流のひとつが、渋谷区「388 FARM」や世田谷区「シモキタ園藝部」、二子玉川の「タマリバタケ」のように行政と民間の協働でアーバンファーミングを推進するケースだ。緑道や線路跡地、空き地を市民との協働で地域に開かれた農的空間として活用するモデルケースとして、今後様々な都市に広がっていく可能性を秘めている。

他にも、IoTを活用してオフィス街ど真ん中に企業が設置した屋上ファーム（The Edible Park OTEMACHI by grow）、大学と学生との協働でつくる屋上菜園（武蔵野大学）や新宿駅職員と地域の人々によるコミュニティファーム（Shinjuku Farm）、お寺と地域住民によるコミュニティファーム（たもんじ交流農園）、区民農園に隣接した家族用シェアハウス（青豆ハウス）など、地域の多様な関係性を生かして野菜を育て、自然や人とつながる農的なライフスタイルが広がり始めている。

取材した他にも、東京都日野市は「農のある暮らし」を提唱し、「食料生産だけでなく、環境保全、防災、教育、福祉、保健機能等を併せ持ち、地域ごとに特徴ある豊かな文化と景観を醸成するもの」として普及を進めている。神戸市も都市戦略「食都神戸」の一貫として、都市部で農に触れる機会を創出するアーバンファーミング推進事業に取り組み、2021年に利用者の低迷が続いていた公園をエディブルパーク（食べられる公園）として再生し、コミュニティ再生を目指す「平野コープ農園」を開設。千葉県柏市では、2010年から空き地をコミュニティファームにしたり、個人宅の庭を開放して畑にするなど「まち全体をファームにする」ことを目指した「カシニワ制度」が始まったりと、行政と企業、NPO、市民が垣根を越えた協働により、都市を「食べられる森」にしていく取り組みが同時多発的に進行中だ。

下北沢駅南西口、小田急線の線路跡地に誕生した緑豊かな広場「のはら」に立つ「シモキタ園藝部」（P.048）

世界の都市で広がる
アーバンファーミング

では、世界のアーバンファーミングシーンはどうなのだろう。その歴史と現在を見てみたい。

ドイツでは、産業革命時に生活環境の悪化を解消する手段として「クラインガルテン」(小さな庭の意)と呼ばれる市民農園が生まれ、第二次世界大戦中の食糧難解消のために全国に普及。今では全国で1万4000のクラインガルテンで約500万人が余暇に野菜を育てており、コロナ禍の影響で人気が高まり、多くのクラインガルテンでは順番待ちだという。

ロンドンでは、2012年のオリンピックの際に市長が西暦にかけて「2012カ所の農園をつくる」ことを宣言。現在では3080カ所にまで増え、年間120万食分の野菜が市民の手によって生産されている。

パリでは、2020年にヨーロッパ最大、サッカー場2つ分の広さを持つ1万4000平方メートルの屋上農園「ナチュール・ユーベンス」のオープンが話題を呼んだ。民間事業者が運営するこの農園ではコンピュータ制御による水耕栽培で育てられた野菜が併設のレストランで「Farm to Table」として味わえるほか、スーパーなどに卸されている。

アメリカでも、第二次大戦中の食糧不足解消として都市農園が生まれ、70年代の公民権運動時代に多様な人種対立の解消やコミュニティ再生の場として広がった。最近では前述のパリの農園ができるまで世界最大だったニューヨークの屋上農園、ブルックリン・グレインジがアーバンファーミングの先駆的事例として有名だ。

他にも、オーストリア・ウィーンの「住める農園」やニュージーランドで世界一の食べられるガーデンシティ(Edible Garden City)を目指すクライストチャーチ市、香港、シンガポールなどアーバンファーミングはアジア各地にも広がっている。

筆者自身、10年程前に『都会から始まる新しい生き方のデザイン —— URBAN PERMA CULTURE GUIDE』の取材でアメリカのポートランドやシアトル、サンフランシスコで様々なコミュニティファームを視察し、多様な人種が野菜を育てるさまや小学校でのエディブル・スクールヤード、街中に設置されたコミュニティコンポストなど都会のなかで農が自然に溶け込んだ暮らしに強い印象を受けた。

最近では、サンフランシスコでアーバンファーミングを実践する人々を追った映画『EDIBLE CITY』(2014)をはじめ、気候危機に対して世界に広がるリジェネラティブ農業を紹介する映画『the Biggest little Farm』(2018)、『Kiss the Ground』(2020)、『To Which We Belong』(2021)の公開も続くほか、アパートのベランダや壁面をフル活用して大量の野菜を育てるなど都市で農を実践する人々を追った書籍『シティ・ファーマー:世界の都市で始まる食料自給革命』、『Urban Farmers: The Now and How of Growing Food in the City』など、都市と「農」をテーマとした書籍も続々刊行されている。

人と自然、人と人をつなぎ、共創するコモンズ

このように世界中で広がるアーバンファーミングが人や都市の未来に向けて果たしていく役割として、大きくは2つ挙げられる。

1つ目が、都市において人と自然、人と人をつなぎ共創するコモンズ（共有財・入会地）としての役割だ。

東京都の人口は現在約1400万人（国勢調査2020年）。その約半分を単身世帯が占め、2030年には4人に1人が高齢者になると予測されるなか、近年では「孤独死」や「ひきこもり」、「生きづらさ」が社会問題となっている。OECDの『Society at a Glance』によれば、日本はOECD20カ国の中で、友人や同僚、その他の社会的グループと時間を過ごすことが「ほとんどない」「まったくない」と回答する人が最も多く、15.3％に及んでいる。国際的にも、他者との交流が少ない日本社会には今、多様な人が交流できる居場所やコミュニティの再生が求められている。

そんな時代にアーバンファーミングは「食」という、生きるうえで欠かせないものを共に育てることを通して、会社や学校とは別のコミュニティを育む役割がますます大きくなっていくだろう。

また、ウェルビーイングに必要な核となるニーズに、尊厳・自然・つながり・公平性・参加性があるとされるように、誰でも気軽に参加できて、多様な人とつながり、公平さと尊厳を感じられるコミュニティの存在は一人ひとりのウェルビーイングにとっても大きな可能性をもっている。

アーバンファーミングは、農体験を通じた生きた学びの場にもなる。本書で紹介する小学校と連携したエディブル・スクールヤードや大学校舎の屋上菜園に見られるのは、思想家・社会活動家のサティシュ・クマールが「教育の3H」（Hand, Heart, Head）を唱えるように、従来の「頭（Head）」だけでなく、「手（Hand）」を使うことが、「心（Heart）」を豊かに幸せにする風景だ。同じくサティシュが提唱する「3S」（Soil, Soul, Society）のように、アスファルトに覆われた都市で「土（Soil）」に触れることが、一人ひとりの「魂（Soul）」と「社会（Society）」を再生していくのだ。

アーバンファーミングを通じて育まれた人と人のつながりは、いざという時に助け合えるセーフティネットに、コミュニティファームは防災拠点になる。多くの取材先に見られたピザ窯は防災時の調理具に。雨水タンクは生活用水としても役立つだろう。

かつて、街には必ず共同で管理・運営するコモンズがあったという。そうした場が資本主義と消費社会の進展とともに私有地として囲い込まれ、人々は生産から切り離された消費者として自然や地域社会から分断されてきた。こうしたなかで今、続々と生まれているアーバンファームは私有と公有の間で人々に生産と創造を取り戻し、自然と共に共創するための開かれたコモンズなのだ。

ヒューマンルネッサンス研究所による未来学「SONIC」理論によれば、人類史における社会

と価値観の変遷のなかで現代は「物と個中心」の時代から、「心と集団中心」の時代への過渡期にあるという。本書で取材した「青豆ハウス」に象徴されるように、個人が畑に背を向けてワンルームアパートに閉じて暮らした時代から、畑に隣接したシェアハウスで多様な仲間と農の豊かさをシェアするライフスタイルへ。その根底にある価値観に着実に変化が起きている。

都市と
地球環境を再生する

次に、地球環境の視点からアーバンファーミングの役割を見ていこう。

地球温暖化や気候変動、生物多様性の崩壊が世界的に課題となるなか、書籍『Regeneration 再生 気候危機を今の世代で終わらせる』では、年間温室効果ガスの70％は都市から排出されているという。世界人口の約半分が都市に暮らす今、都市とそこに生きる人のライフスタイルを変えていくことが、地球そのものの健康にとっても大きな意味をもっているのだ。

アーバンファーミングを通じて自ら食べ物を育てる人が増え、地産地消が広がっていくことにより、移動エネルギー削減によるCO_2排出量削減が期待できるほか、空き地や屋上緑化によるCO_2吸収やヒートアイランド現象の軽減化、美化も期待できる。さらに、食育を通じた食と環境への意識変革の入口として、日常行動を変えていくことで地球温暖化にも効果の大きいフードロス削減や地産地消、菜食中心生活へのシフト

を促していくことも期待できる。

筆者がサンフランシスコを訪れたときに街でよく見かけたのが、「Grow Foods, Not Lawns（芝生ではなく、食べ物を育てよう）」というスローガンだ。世界の都市に比べ、1人当たりの公園面積がロンドンの1/4、ニューヨークの1/3と少ない東京において、アーバンファームは都市のグリーンインフラとして大きな可能性をもっており、そのためにも芝生などによる緑化だけでなく、食べられるものを植えることを増やすための法整備も重要になるだろう。

このようにアーバンファーミングは特殊な技能を必要とせず、すべての人に開かれているため、現代の様々な社会課題の解決につながる役割をもっている。SDGsにおいても野菜を育てることは、目標1「貧困をなくそう」や2「飢餓をゼロに」、3「すべての人に健康と福祉を」に。食育は菜園での学びは4「質の高い教育をみんなに」に。緑化やコミュニティの醸成、防災時の拠点は11「住み続けられるまちづくりを」に。CO_2吸収やフードマイレージの削減は13「気候変動に具体的な対策を」に。食や環境への意識の変革は、12「つくる責任 つかう責任」、14「海の豊かさを守ろう」、15「陸の豊かさも守ろう」にもつながっていくだろう。

アーバンファーミング
6つの役割

　本書では、こうした個人や地域、都市、地球の未来に多様な役割を果たすアーバンファーミングについて、下図の6つの動詞を抽出して各章を構成している。これらは今回取材したすべてのファームに共通して見られたもので、右上の（育てる）から時計まわりにその役割が深まっていくケースが多く、各地の人や場の特徴に合わせて濃淡を持ちながら実践されている。各CASEの最後に付したチャートを見比べながら、自分たちにぴったりなアーバンファーミングのあり方を見つけてほしい。

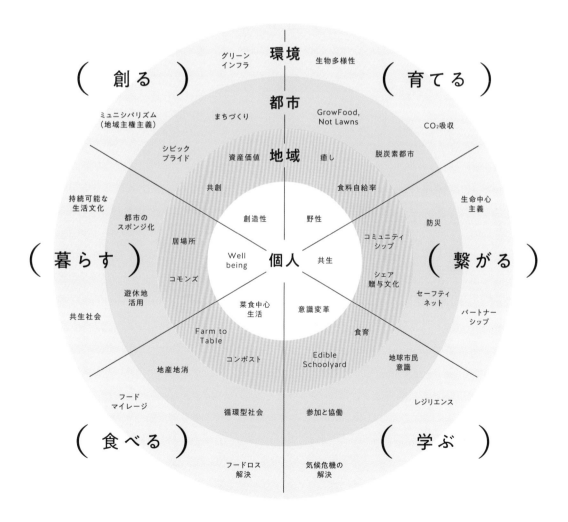

育てる

アーバンファーミングのベースにあるのは野菜を育てることだが、育てるのは野菜だけではない。都会で土に触れ、野菜を育てることが個人にとって癒しや野性を呼び覚まし、地域の仲間との関係性や生物多様性を育み、食料自給率やCO_2吸収の向上、持続可能な脱炭素都市の実現にもつながっていく。

繋がる

アーバンファーミングの大きな楽しみのひとつは、仲間と共に野菜を育て、時間を共有することを通じて会社や学校を越えたつながりができることだ。地域における顔の見えるコミュニティの存在はウェルビーイングの向上やセーフティネットとして、防災や治安の向上、食の格差解消、パートナーシップによる持続可能なまちづくりにもつながっていく。

学ぶ

都市における畑は、農を通じた生きた教育の場だ。効率性やスピードに支配された都市で野菜を育てたり、ワークショップに参加することで、野菜の育て方だけでなく、生命のつながりや循環、環境との関係を学ぶ。アーバンファーミングは地球市民として参加と協働によって気候危機を解決していくための意識変革の入口であり、地に足の着いた生き方を始めるための教室なのだ。

食べる

「食べることは、生きること」と言ったのは、『The Art of Simple Food』の著者であり料理人のアリス・ウォータースだ。コンポストを使って自ら野菜を育て、「Farm to Table」で食べて本当の美味しさやその背景を知る体験が、地産地消やフードロス解消にもつながっていく。アーバンファーミングは食を通じて「おいしい革命」を起こす開かれた方法なのだ。

暮らす

「暮らしのそばに農がある豊かさ」と言ったのは、家族向けシェアハウス「青豆ハウス」をつくった青木純さんだ。シェアハウスに隣接した畑があることで、そこが地域の人の居場所となり、住人以外との多様な交流が生まれている。かつては「田舎くさい、土臭い」などネガティブなイメージもあった「農」が、暮らしの質と地域の魅力を高め、共生社会をつくるためのキーワードとなっている。

創る

都市における畑は、多様な人が共創するためのメディアだ。各地で様々な資源や創造性を生かした畑やテーブル、遊具、ピザ窯、アート等が街に美観や楽しみをもたらしている。元来、農を中心に生まれた芸術や文化が消費社会の進展につれて、人々の生活から切り離されてきたなかで、アーバンファーミングは人々を消費者から生産者に、文化の創造者にするきっかけなのだ。

今では想像することさえ難しくなっているが、東京も江戸時代までは見渡す限り畑が広がっていたという。江戸では参勤交代で日本各地から訪れた大名たちが様々な野菜を栽培し、酪農も行われていたほか、廃棄物の堆肥化や小商いによってリペアやリユースもあたりまえの循環型社会だったことが知られている。そうして継がれてきたのが現在見直されている江戸東京野菜であり、今こそ求められているのは、そうした日本独自の知恵や文化を見直し、現代の感性と創造性、テクノロジーも活用しながら持続可能な都市をみんなでつくっていくことではないだろうか。

ガンジーが「Be the change that you wish to see in the world. なりたい変化に自分がなろう」と言ったように、アーバンファーミングは自分たちの手で人と地域、都市、環境を再生する手段なのだ。

本書を読んで、少しでも共感いただけたなら、まずは自宅の庭やベランダで始めてもいい。近くのコミュニティファームに参加するのもいい。企業や行政の方なら屋上や遊休地にアーバンファームをつくってもいい。

本書が、日本におけるアーバンファーミングの普及につながり、人も地球もサステナブルにする一助となることを祈っています。

土を耕すとき、
あなたは自分自身を耕している。

――サティシュ・クマール『エレガント・シンプリシティ』

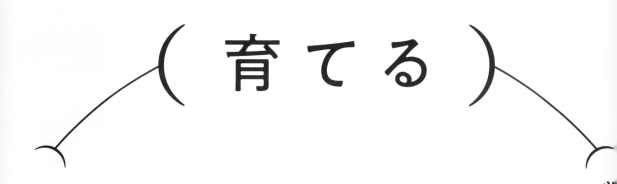

（ 育てる ）

アーバンファーミングのベースにあるのは野菜を育てることだ。
都会のなかで土に触れ、採れたての野菜を味わう経験が、
自分自身の癒しや健康につながるだけでなく、仲間との関係性を育み、
まちの緑化や美観、持続可能な脱炭素都市の実現にもつながっていく。

The Edible Park
OTEMACHI by grow

「農園があるオフィス」が未来を少しずつ変えていく

（　育てる　）

仕事の前に、ランニングの途中に。歴史あるオフィスビルの屋上農園に、思い思いのタイミングで人々が集まる

コロナ後の
「愛されるオフィス」

　千代田区大手町一丁目に位置し、東京メトロ大手町駅にも直結している大手町ビル。1958年の建設当時は「東洋一のマンモスビル」とも呼ばれた巨大ビルの屋上に、実は農園がある。

　「2018年から4年間かけてこのビルをリノベーションするプロジェクトが始まったんです。それまで屋上は安全面から開放されていなかったのですが、この機会に開放しようということになりました」

　そうして誕生したのが「大手町ビルスカイラボ」。農園の他にワークスペースや広々とした芝生スペース、誰でも参拝できる「大手町観音」が祀られている社もある。しかし、なぜオフィスビルの屋上に農園が？　教えてくれたのはこのビルを管理運営する三菱地所株式会社の川岸浩之さんと田 学培さんだ。

　田さんは会社のアセットバリューを向上させることを目的に、社外で先進的な取り組みをしている人々と協業していく部署に所属。コロナ禍以降のやり方を模索していくうちに「農」にたどり着いたという。

　「弊社のアセットで一番ボリュームがあるのは、オフィススペースに関わる部分なんですね。これまでとは働き方、時間の使い方がすっかり変わってしまった世の中で、いかに愛されるオフィスを提供できるか。ウェルビーイングという言葉がよく使われていますし、自分と向き合う時間と環境を整えることはできないかと調べて、ファーミングに着目したんです。屋上リノベーション担当の川岸さんに相談して、このビルでやってみることになりました」

　リサーチを進めるうちにプランティオ株式会社の芹澤さん（P.038）とも出会い、プロデュースを依頼。プランティオが提供するシステム「grow」によって管理・運営される屋上農園「The Edible Park OTEMACHI by grow」が2022年5月にオープンした。コンセプトは「都会に新しいコモンズを」。区画をレンタルするタイプの菜園が「所有」や「占有」に基づいているとすれば、ここは「シェア」という真逆の概念がベースにある。コモンズが意味する「地域の共有財産を共同で管理・保守する共同体」を、都市のど真ん中に再構築するための農空間なのだ。

　野菜が植えられているプランターも背の低いものと高いものの2種類あり、服装などに制限されず農作業に参加できるようになっている。

　また、最大の特徴は「Farm to Table」を前提にしている点だ。コミュニティファームで収穫した野菜を、その地域のレストランに持っていってみんなで食べるという体験は、ニューヨークなどで浸透してきている。ここでも、「育てる」と「食べる」をシームレスに楽しめるような連携を構想しているそうだ。

（　育てる　）

三菱地所株式会社運営事業部の
川岸浩之さん（左）と協創推進営
業部の田 学培さん（右）

（ 育てる ）

SUMMER SUNRISE

左上／「オクラの花はこんなに綺麗なんだ!」という新鮮な驚きも。　中上／都心のビル屋上でも立派なメロンが実を結ぶ。　右上／季節ごとの日の出と日の入りを表すフロアの黄色いライン。左下／手入れのしやすい縦長のプランターには「grow」が設置されている。右下／白ナスをはじめ、小松菜や枝豆など主に江戸東京野菜を栽培

左／ブドウの蔦とネオンサインが絡まる様子は、農と都市の融合そのもの。
右／フィールドコーディネーターを中心に、作物を仲立ちとした活発なコミュニケーションが生まれる

時代遅れの会社に
ならないために

　農園の管理をメインで行うキャストの募集を行ったところ、250名を超える応募があったという。「60名の募集に対してこんなに集まっていただいたので、驚きました。性別や年齢も多様でした。このビルの就業者が4割くらいです。近隣に住んでらっしゃって毎日水やりに来る女性もいれば、仕事前のランニングコースに組み込んで立ち寄ってらっしゃる男性もいますね」

　キャストだけでなく、登録すれば誰でもアンバサダーになって農園に出入りすることができる。ここで行われるイベントに参加したり水やりもできるそうだ。

　「60名だけだと狭いコミュニティになってしまいますけど、アンバサダーのみなさんも含めて交流していくことでコアな仲間が増えていくことが重要だと思ってます。キャストは1年で卒業し

ていく予定なんですが、卒業後もずっと関わっていける場にしていきたいです」

　この日も収穫したメロンやピーマンを、その場に居あわせたキャストやアンバサダーみんなで味見していた。新鮮な甘みに顔がほころび、楽しそうに感想を伝え合う。「ここの野菜をひとくち食べたらもう仲間なんですよ」と田さんは笑う。

　「夏に種まきのイベントやったんですが、私も子供と一緒に参加しました。『あのときの種はどうなってるの?』と子供に聞かれるので、よく写真を撮って見せています。ビルの外にもコミュニケーションが広がっている実感がありますね」

　週末に郊外に出かけて自然と触れ合うこともちろん素晴らしいことだが、こうしてウィーク

デーに自然とのつながりを感じられる瞬間があることも、それ以上に大切だ。まさにオフィスビルの屋上に農園がある意義だろう。

「私もこのプロジェクトに関わるまで知らなかったんですが、日本の農業は担い手がいなくて危機的な状況にあるんです。アーバンファーミングで農に関わる人の裾野が広がれば、農業人口も増えるという調査結果もあるので、少しでも手助けになればと思っています。農というのは10人が10人とも興味を持つ分野ではないと思うんですが、そのうちの1人に深く刺さって社会が変わっていくと思うんです」

このチャレンジングな屋上農園は社内でも注目を浴びているそうだ。

「農的な活動を新規事業に取り入れたいという社内の人間もいて、キャストになってくれています。狙ってそうしたわけではないですが、社内で流行らないものを胸を張っておすすめできないので、素直に嬉しいですね。このビルをテストケースにして、内神田の方でも新しいプロジェクトが動いています。有志が屋上でプランターを設置して、実験的に栽培を始めているんです。屋上農園はまず安全を第一に考える必要もあり、実現するハードルも高いんですが、丸の内エリアをムーブメントの中心にして波及させていきたいです。今後、長期的に考えると会社経営とSDGs的な視点は切り離せなくなるはずです。環境についての取り組みも『実行・達成していて当然』になる。その未来で時代遅れの会社にならないためにも社員全員で意識を持ってやっていかなくちゃならないと思っています」

上／大手町ビル屋上「スカイラボ」には農園のほかに、丸の内仲通りを見下ろせるカウンタースペースやゆっくり休憩できる広場スペースも。 下／晩夏の旬を味わうイベント『Night Farm』では、採れたて野菜のフィンガーフードほか、ハーブのカクテルを参加者がつくったり、DJ HIROの音楽と共に多くの参加者で賑わった

（ 育てる ）

The Edible Park OTEMACHI by grow

POINT

- 都心のビジネス街のコモンズとしての屋上農園
- 「育てる」と「食べる」をつなげるIoTとFarm to Table
- SDGsが当たり前の時代の企業運営を見越して

FEATURES

FARM TO TABLE

収穫した野菜をその場で調理して食べたり、地域のレストランとの連携で「育てる」と「食べる」をつなぎ、みんなで味わい、楽しめるイベントを開催している。

SHARE SEEDS

ここで育った植物の種子だけでなく、農作業に関する書籍なども並んでおり自由に借りることができる。知識も含めてシェアすることが前提の、「コモンズ」を体現する一角。

GRAPE

屋上の風通しの良さを生かし、株式会社 竹中工務店の技術支援のもと東京産ワインを目指してブドウ栽培も行っている。

DATA

The Edible Park OTEMACHI by grow

場所	東京都千代田区大手町1-6-1 大手町ビル屋上SkyLAB内
設立	2022年5月
広さ	650㎡
運営	プランティオ株式会社、三菱地所株式会社
予算	企業予算（一部助成金を活用）

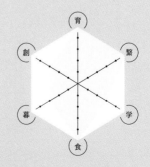

CASE
#02

388 FARM

ファームからシティプライドを育てる

（　育てる　）

緑道全体の再整備着工に先駆けて初台緑道に設置された「仮設ファーム」

渋谷区の
新しい未来を生み出すファーム

代々木三丁目から笹塚一丁目まで続いている玉川上水旧水路緑道。江戸時代に農業用水路として開削された玉川上水の跡にできたこの緑道は、2017年度から再整備計画が進められている。

地域住民との意見交換を重ねながら、2020年度に発表されたこの計画のコンセプトは、「FARM」。「FARM」という言葉には文字通りの農園の意味に加え、新たな学びや対話の創造を通してコミュニティを育むことを意図した「育てる」という意味も込められている。このコンセプトは、基本構想やこれまでのワークショップでの意見・アイデアを基に考案された。

「渋谷区というと渋谷駅前や恵比寿などのイメージが強いですが、緑道が通っているこの地域は住民が多く、京王線笹塚駅・幡ヶ谷駅・初台駅のそれぞれの頭文字をとり、このエリアを『ササハタハツ』と名付けました。ササハタハツエリアを玉川上水旧水路緑道でつなげるこのプロジェクトは、農から始まる強いコミュニティと最先端の田舎暮らしを実現する『ファーム』という考え方で、渋谷区の新しい未来を生み出す計画です。プロジェクト名は、ササハタハツを数字にして『388 FARM』です」

案内してくれたのは渋谷区公園課の小林周平さんと峯田鈴音さん。この場所は、緑道全体の再整備着工に先駆けて初台駅前に設置された「仮設FARM」だ。

「FARMというコンセプトに対し、ご期待の声もいただいている一方で、特に農園の運営に関して、『この都市において農園を適正に維持管理していくことができるのか』といったご不安の声もいただいておりました。そこで、まずはこの場所でコンセプトを実体験できればと思い、維持管理ルールの検証などを目的として、仮設FARMをスタートさせました」

この初台緑道は人目につきやすい上に、道幅が広く歩行者の邪魔になりにくいことから第一号に選ばれた。2022年1月に利用者を募集したところ、20名の枠に対し310名の応募があったという。

「20〜80代まで幅広い応募がありました。一番多かったのは30〜40代の子育て世帯の方ですね。『渋谷で農に関わる経験を子供にさせられて嬉しい』『これまで地域の人たちとつながるきっかけが少なかったのですが、仮設FARMに参加してからは地域の中での孤独感がまったくなくなりました』というご意見をたくさんいただきました。半年経った時点で継続するかどうかお聞きしたんですが、家庭の事情などがない限り、みなさん続けたいとおっしゃっていただけました。

スタートした当初はキャストさんの中から『畑守さん』を決めて、リーダー的な役割をして

(育てる)

渋谷区公園課の小林周平さんと峯田鈴音さん

もらっていました。その時のほうがキャスト同士の結びつきも強く、コミュニティ醸成という面ではうまくいっていたんですけど、どうしても個人の負担が大きくなってしまって今は畑守さんという役割は決めていません。実験段階なので、試行錯誤しながらやり方を探っています」

　植える作物なども、キャストのみなさんで話し合いながら決めているそうだ。

（　育てる　）

初台駅から近い緑道に設置されたプランター。キャスト自身が選んだ作物を育てるだけでなく、キャスト同士でコミュニケーションがとれるお茶会も毎週末に開催。取材時にはししとうが育っていた

農作業だけではなく
コミュニティを育む

　近年の夏は農作業するにしても暑すぎる。こ
ういった場合、自分ですべて面倒を見ないとい
けない区民菜園（区画貸しの農園）などと違っ
て、時間帯や日にちを分担しながら助け合える
のはコミュニティファーム（利用者全員で共同
管理を行う農園）の利点だ。
　「収穫物に関しても、基本的にはキャストのみ
なさんで話し合ってどう利用するか決めていた
だこうと思っています。未定の部分が多いです
が、地域のイベントと連携できると面白いかなと。
採れた野菜を飲食店に持ち込んでピザパー
ティーができたら、渋谷の地産地消になります
よね」
　また、ファームの管理だけでなく、キャストが
自主的に緑道のゴミ拾いや掃除を実施している
という。
　「自分たちの力でファームを育てていることで、
ただの道だったのが、『パブリックスペースとし
ての緑道』という意識に変わり、シティプライド

につながっている。みんなの大事な場所に変
わったのは、非常に大きなことです」
　また、目の前のマンションの住民からも「参加
したい」という申し出があった。子供がいつもプ
ランターの野菜を覗き込んでいるのを見て、関
わらせてあげたい、地域との関わりを持ってみ
たいと思うようになったそうだ。
　初台に続いて西原緑道にも新たに仮設

（　育てる　）

緑道の再整備計画の全体イメージ

FARMを設置。こちらも定員20名のところ130名が応募した。渋谷区には潜在的な農のニーズがまだまだあるのだ。

「こうやってファームを通して、緑道再整備のプロセスを区民のみなさんと楽しんでいけたら、これほど価値のあることはないと思います。すべての緑道が完成するのはまだ先の予定なので、それまでにもっと関わる人の数も増やしたい

ですね。また、農だけでなく、ある意味で『なんの用事がなくても人が集まってくる場所』でもあってほしいんです。仮設FARMに応募してくれたキャストのみなさんは、単純に農作業がしたいというよりも、地域のコミュニティを育みたいと思っている方が多かったんです。ファームをきっかけにして、様々な人にとっての素敵な居場所になっていければと思います」

初台と笹塚エリアの緑道の完成イメージ

（　育てる　）

388 FARM

POINT

- 緑道の再整備プロジェクト
- キャスト主導のコミュニティファーム
- ファームを通してシティプライドを育む

FEATURES

FARM

「農」と「育てる」の意味を込めた「ファーム」という考え方で進められている緑道再整備事業。完成すれば都内最長のファームに。

CO-CREATION

農を中心に地域住民、行政、団体、企業が楽しみながら共創することでパブリックスペースを真にみんなの場所にする。

HISTORY

江戸時代に農業用水路として開削された玉川上水の跡にできた緑道が、再び都市に農とコミュニティを生み出すきっかけになる。

DATA

388 FARM

場　　　所	東京都渋谷区（玉川上水旧水路緑道内）
延　　　長	約2.6km
事業主体	渋谷区

テクノロジーを通じて農を民主化する

芹澤孝悦

プランティオ株式会社CEO

孫泰藏に諭されながら
見つけた本質

「SOCIAL GROW OUR OWN」を掲げ、農とITを結びつける事業を展開しているプランティオ株式会社。大手町ビルの The Edible Park OTEMACHI by grow（P.018）もプランティオが開発運用している「grow」というシステムが利用者をサポートしている。

　CEOである芹澤孝悦さんの実家が営むセロン工業株式会社は、日本で初めて「プランター」という和製英語を発案し、製品を開発して世に広めた企業だ。しかし、すぐに家業を継ごうとは思わなかったという。

　「若い頃は、『家庭菜園ってなんかダサい』と思ってたんですよ（笑）。ジャズミュージシャンを目指していたんですけど、まったく食えないということがわかりまして。ITベンチャーに入社して、ゲーム開発などにも関わるようになったんです。そのうちに父が倒れたので、家業を継ぐことにしました。セロン工業のプランターは、累計で10億台くらい出荷されてるんです。そこに僕が今までやってきたITの技術と掛け合わせて、生産量やユーザーを可視化できれば面白く

なるんじゃないかと思いました」

　ゲームプロデューサー時代に「最も遠く離れたものを結びつける」ことを鉄則として先輩たちに叩き込まれたそうで、農とITはそういった意味でも可能性を感じたという。

　具体的に動き出すために、実業家であり投資家の孫泰藏さんに相談に行き、共同創設者としてプランティオを立ち上げることに。当初、植物が成長するごとにキャラクターも成長するスマホを使ったゲームを孫さんに提案したところ、思いもよらない反応が返ってきた。

　「『世界を救えるプロダクトを生み出せるのに、なにやってるんだ』とめちゃくちゃ怒られました。『きみのお祖父さんの本質はプランターをつくったことじゃなく、アグリカルチャーに触れる機会をつくったことでしょう』と。そこでやっと自分は農の民主化を目指すべきなんだと気付きました。ITの力でハードルを下げて、農の楽しさをエンパワーするという発想です」

　試行錯誤の末、指針がはっきりしたのが2018年頃。今では全国で12カ所のファームスポットを展開している。どれも非常に手応えを感じているそうだ。

　「育てること、食べることをみなさんがとても楽

芹澤さん自らファームに足を運び
土や野菜の様子を肌で感じること
が、経営や開発に活かされている

しんでくれています。こういった基本的な価値観は昔からあるもので、僕らが証明するようなものではない。いかにデジタライズできるかが勝負だと思っています。それにどこからでもアクセスできるようになれば、人が循環していきますよね。今日は恵比寿のファームで、明日は大手町で、というように」

　農を門外不出の秘伝ではなく、誰でも使える知識に。これを共有できれば農へのハードルは一気に下がる。タキイ種苗『園芸白書』のデータによると、日本人の半数は何らかの野菜栽培に挑戦しているが、その6割が枯らしてしまったことがあるという。

「なので、僕らはアプリやIoTセンサーでタイムリーにナビゲーションすることを重視しています。『そろそろ水やりが必要です』『間引きの時期ですよ』という感じで、野菜がささやくようにリマインドして差し上げます」

「農」とデジタルによる
パラレルな経済圏

　今後、ますますファーミングスポットを増やしていくプランティオにとって、壁として立ちはだ

かるものがあるという。

「農業や建築に関する法律もそうなんですが、経済面も障害になるんです。ビルの屋上にファームをつくろうと思ったら、安全対策も含めて数千万円かかってしまいます。そうなると、企業がお金を出しているからには『どうやってマネタイズするんだ』という話になる。こういったエコノミーファーストの考え方で運営していくと立ち行かなくなるんですね。ファームの波及効果や社会貢献度は非常に大きいのですが、これを社会に対するギフトとして捉えることができる企業が日本には極端に少ない。本質的には土と種があればどこでも野菜栽培できるわけですよ。本来はお金がかからないことなのに、経済合理性を立たせようとしているからごちゃごちゃしてしまうわけです。個人的には、農は資本主義の過当競争に晒すべきではないと思っています」

　確かに、「野菜を育てて収穫する」という営為は資本主義が登場するはるか前から存在していた。生産量が増加し、余剰分ができたのでそれを金銭に変えることで「農業」が成立したが、あくまでも農の一部にすぎない。しかし、これだけ生活の隅々まで経済に絡め取られてい

（　育てる　）

る現在で、そのレールから外れた農を広げていくことはできるのだろうか。

「日本農業新聞によると、2022年6月で日本の農業人口は100万人を切ったそうです。70万人を下回ったら台所が担保できなくなると言われています。しかもコロナやウクライナ情勢で各国の食の輸出が事実上止まっている。そうなると、カロリーベースで食料自給率38％しかない日本はどうするべきか。海外と同じように民主的に立ち上がってアーバンファーミングをやり始めるはずなんですよ。そのときに、経済や法律が壁とぶつかってハレーションが起こると思います。それが社会が大きく変わる節目になるはずです」

この来るべきタイミングに向けて、プランティオは第2章に突入している。空いている土地やスペースとファーミングスポットをマッチングさせるシステムや、日当たりのない屋内での野菜栽培を可能にするプランターの開発など、様々な条件下でもファーミングを広めていける体制を整えている。

「古今東西、どんな文明でも作物を育ててそれを物々交換していたじゃないですか。日本だって米を年貢として納めていましたし。なので、

農的な活動でマイニングされたポイントをクリプトカレンシーにすべきだと思っていて、僕らで『GROWTH TOKEN』を発行しようと思っています」

野菜を育てて利益を得ようとすれば、最初から最後まで世話をしないとならない。そうしないと野菜の所有権を主張できないからだ。しかし、IoT化していれば「誰がどれだけ世話をしたか」が可視化されるので、それに基づいて対価を支払うことができる。デジタルによって可視化し、参加者をつなげることによって資本主義の中心からは離れたパラレルな経済圏をつくることができるのだ。次世代への経済改革は、土の上で起こっている。

左頁／芹澤さんの関わるThe Edible Park OTEMACHI by grow（P.018）。床面の日の出と日の入りを表す黄色いラインと「grow PUBLIC」というメッセージが周囲のビルからもよく見える。　右頁／野菜を育てる人をサポートするアプリ「grow」と、野菜を育てる人とほしい人、育てる人同士をつなぐウェブサービス「grow SHARE」

ツールの選び方

Tokyo Urban Farming 久我 愛（ガーデナー）

アーバンファーミングを楽しむなら、最低限のツールで、最高に有意義な時間を。仕事の前にサクッと畑を覗いたり、夕食の材料を収穫しに畑に寄り道したりできると、暮らしが畑とぐっと近くなります。重要なポイントとなるのは、作業ツールの機能性とオシャレ度。作業終わりにそのままのスタイルで電車に乗れたりするくらいに日常使いできるものを。長く大切に使えるツールを選ぶことが、地球のこれからを考えるヒントにもなります。

スタートツール ── 家で始めるなら ├─────── ハサミ ─ 移植ゴテ

POINT

● 最初に揃えたいツールはハサミと移植ゴテ。

● ハサミは細かいものを切る用と太い枝などを切る用の2種あるとベスト。

● 移植ゴテは持ち手が木製のものやデザイン性の高いものも。

├ 畑で始めるなら ├──── 剣先スコップ ─ くわ ─ かま

POINT

● この3つがあれば畑を始められる!

● 剣先スコップとくわがあれば、畝づくりや果樹植えも。

● 基本的な草刈りはノコギリガマでOK。

プランター ──────────── フェルト製 ─ 木製 ─ 陶器製

POINT

● フェルト製：使わないときはコンパクトに収納できる。

● 木製：DIYできてメンテナンスも容易。不要になったらバラして再利用も。

● 陶器：不燃ゴミとなるので、捨て方を考えて購入するとよい。

ウェア ── レインコート ─ エプロン ─ グローブ ─ 長靴

POINT

- アウトドア用のレインコートがあれば寒さも紫外線も防げて便利。
- ポケットがいくつかついたエプロンやベストは作業しやすい。
- グローブはラバー製のものがフィットして使いやすい。
- ロングタイプの長靴は柔らかくてしゃがみやすいものを。ローカットのレインブーツでも代用可。

水やりツール ── ジョウロ ─ ホース ─ 雨水タンク

POINT

- 捨てない選択、ゴミにしない選択を。
- デザイン性の高いホースも。
- 雨水タンクは災害時の備えにもなる。

収穫道具 ── バスケット ─ 竹かご

POINT

- ツールの収納や収穫用に、バスケットが1つあると便利。
- つる製や竹製など丁寧につくられたものだと気分も上がる。
- 梅干しや干し野菜づくりに竹ざるもあるとよい。

鮎川詢裕子（一般社団法人ワンジェネレーション代表理事）

生命を再生する
リジェネレーションと
アーバンファーミング

この数年間でコロナをはじめ、世界中で起きている局地的豪雨や洪水、山火事、干ばつ、電力制限、水不足、貧困、漁獲量の減少、鳥や昆虫をはじめとする生物多様性の喪失など、私たちを取り巻く流れの変化を実感する機会が増えてきています。

このような中、今急速に広がり始めているのが、私たちの生き方を見直し、より多くのいのちを育んでいくことによって地球上の生命を再生する「リジェネレーション」というムーブメントです。「リジェネレーション（Regeneration）」とは、私たちの体の細胞が入れ替わりながら存在し続けていくように、大木が朽ちて土に還りそこから植物など新たな生命が生まれるように、蜂などのポリネーターによる受粉によって花が果実になるように、いのちが継がれ生命を生み出していくことです。それは海の中でも、森でも、土の中でも、あらゆるところで起きています。私たち人間も他の生命と同じように、生まれながらに行いながら長い間、自然と調和して暮らしてきました。

しかしながら、現代に生きる私たち人間の生き方は、この関係性ネットワークの調和から外れ、もっと早く多くと、地中や地上の生命を大量消費し、新しいものを求め、使いきれないものを捨て、自然を枯渇させています。何億年もかけて地中に蓄えられた炭素をかつてないほどの勢いで大気中に放出し、地球温暖化や気候危機、貧困、生物多様性の喪失などを招いています。こうしたライフスタイルを見つめ直し、いのちの循環を再生していくのがリジェネレーションなのです。

都市を再生する取り組みとして
世界で広がるアーバンファーミング

世界人口の50%以上が都市に集中し、年間温室効果ガスの70%は都市から排出されています。今後も都市に人口が集中するという予測からも、都市とそこに住む人々が大きなカギを握っていて、世界に違いをもたらす影響は計り知れません。

リジェネラティブな都市になっていくためには、都市においてネットゼロが達成され、移動手段が見直され、自転車や歩いて暮らせる街づくり、自然を回復し、建物は生態系や社会、個人の健康に配慮した設計となり、食べ物は堆肥化され廃棄物を出さないなど、いくつもの取り組みが必要になりますが、そのひとつが、世界の都市で様々に行われているアーバンファーミングです。

米国デトロイトでは、自動車産業の衰退をきっかけに人口が減り、新鮮な食べ物が手に入らなくなった市民が農園や農地をつくり、1600

あゆかわ・じゅんこ／「ドローダウン」「リジェネレーション」の出版・普及、プログラムの構築・提供に携わる。人と集団が生態系の一部としてどう調和し全体として輝くことができるのか、存在目的に基づいた組織のリジェネレーション、組織変革、リーダーの輩出支援を行う。

ものアーバンファームが存在しています。その結果、人々は農園で健康や社会的なつながりを取り戻し、新鮮な食品とともに、雇用も生み出しています。

ロサンジェルス市サウスセントラルでは、放置された空き地や車道の中央分離帯、そして縁石の脇などを菜園に変えるギャングスタ菜園家のロン・フィリーの活動も有名です。

空き地が少ないニューヨークでは、若手農家グループが立ち上げたブルックリン・グレインジが屋上農園をつくり、養蜂や教育プログラム、週末マーケットなどを行い、健康的で美味しい食べ物を栽培し、その面積を増やして年に45トン以上の有機野菜を生産し、すべて地元で販売しています。

英国のマンチェスター近郊のトッドモーデンでは、町中に野菜や果物、ハーブを栽培し、誰でも無料で自由に採ることができるインクレディブル・エディブルが市民により始まりました。庭や公共の土地で何百種類もの果物や豊富な野菜を植え、誰でも受け入れ、人を巻き込む取り組みは多くの国に広がっています。

人口密度の高い香港では、ルーフトップリパブリックという企業が屋上を活用しアーバンファーミングをサポートしていたり、カナダのルファ・ファームズは、モントリオール市の廃倉庫の屋上で野菜を栽培し、農家や食品メーカーと提携して、オンラインのファーマーズマーケットにより、分断された都市の人々と産地を結び付けようとしています。2020年には世界最大となる屋上温室を新たに開設し、2021年にはケベック州全体で毎週2万個以上のバスケットを配達しています。

いかがでしょうか？

アーバンファーミングは都市において野菜を育てることで、採れたての野菜を手に入れ味わうだけでなく、人々の意識が変わるきっかけとなります。一人ひとりが幸せやよろこびとともに生態系の回復や持続可能なエネルギーシステム、コミュニティの再生、格差の解消、ひいては温暖化や気候危機の解決に関わる一人であることを実感し、すべてのいのちに息吹を吹き込む生き方として、都市を再生していく可能性を秘めているのです。

結局のところ人間は
超社会的な学習機械であり、
学び、結びつき、
遊ぶように生まれているのだ。

――ルトガー・ブレグマン『Humankind 希望の歴史』

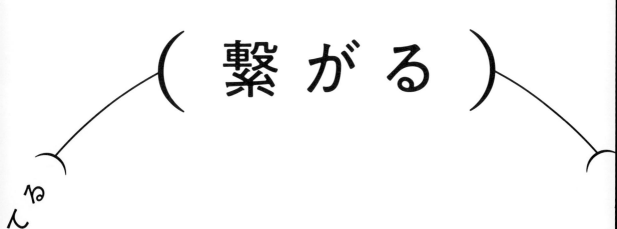

（繋がる）

都市の中の畑は、人や自然とつながるためのコモンズだ。
仲間と共に野菜を育て、地域における顔の見えるコミュニティの存在は
ウェルビーイングの向上やセーフティネットとして、
防災や治安の向上、持続可能なまちづくりにもつながっていく。

シモキタ園藝部

人と緑が循環する街をつくる

(繋がる)

下北沢駅の南西口を出て1分。サブカルチャーの街と共生する豊かな緑が目の前に広がる

人々の声が
駅前の駐輪場を野原と畑に変えた

数多くのライブハウスや劇場、古着店が立ち並びサブカルチャーの中心地として長年親しまれてきた下北沢。小田急線の地下化に伴い、駅前を中心に姿を変えはじめている。

元は線路だった土地が「下北線路街」として整備され様々な飲食店などで賑わっているが、駅の南西口を出てすぐに突如として緑豊かな広場「のはら」が現れる。都内の駅前によく見られるような画一的にデザインされた生け垣とは違い、ヨモギ、バーベナ、レモングラスなどのハーブや里芋、ズッキーニ、蕎麦などが共生しており、まるで郊外の里山に瞬間移動したよう。駅から1分でこんな気持ちになれるとは、なんとも不思議だ。

しかし、元々この土地はほとんどが自転車駐輪場になる予定だったという。

「当初は広い駐輪場にして、その上に立体緑地という通路が建てられる計画だったんですが、世田谷区の参加と協働の場が開かれ、小田急の再開発担当の方も変わって住民の声をすごく聞いてくれるようになったんです。『せっかく下北沢なんだから、他の街と同じになったらもったいない』って。街にもっと緑がほしいという意見は前々からあったので、こういった住民のみなさんが関われるような広場になったんです」

話してくれたのは、小田急電鉄株式会社から植栽管理業務を受託しているシモキタ園藝部代表理事の関橋知己さん。2019年の10月から準備的にプレイベントを開催し、2020年3月から正式に発足。2021年8月に一般社団法人となった。現在、理事・社員は24名だが、部員は2023年春の段階で150名を超え、日に日に増え続けている。「のはら」広場は2022年春にまず芝生が張られ、そこに部員や近隣住民や子供たちが種をまいて徐々に緑が豊かになり、圃場も整備。同時に「のはら」の横に園藝部の活動拠点である「こや」と、ハーブティーやハチミツなどを販売している「ちゃや」ができて、周りの人の注目をさらに集めるようになったそうだ。

こういった農的な活動の場合、参加者はどうしても高齢者が多くなってしまいがちだが、シモキタ園藝部はとても幅広い。取材した当日も、大学生が顔を出していた。彼は近隣の大学でまちづくり関係を専攻しており、こういった活動ができる場所があることを知って参加。最近では大学に向かう途中で「のはら」によって作物の様子を見ることがルーティンになっているという。

部員みんなで分担しながら、水やりや剪定などの植栽管理やコンポストの切り返しなどを行っているが、なにぶんこの大人数だ。それぞれの予定を調整するだけでも大変ではないだろうか。

「積極的に参加してくれる人と、入部しただけで音沙汰がない人の差はどうしても出てきてしまいます。なるべく体験型の催しを増やすことで、みんなが参加できる機会を増やすようにしていますね」

シモキタ園藝部代表理事の関橋知己さん（右）と、「ちゃや」キュレーターの石田紀佳さん（左）。脇にあるのは回転型のコンポストベンチ

左上・右上／ハーブや野菜を育てている
圃場にはコンポストや雨水を貯めるタンク
もあり、街の中での循環を生み出している。
農具も準備されており、園藝部員たちに
よって自主的に管理されている。　左下
／圃場の隣はプチ雑木林になっており、
青々としたドングリがなっていた。小さい
が茅の輪があり、「茅の輪くぐり」ができる
ようになっていた

　　　　　　　（　繋がる　）

下／ハチも循環をつくる大事なメンバー。植物の間を飛び交い受粉させることで新たな実を結び、ハチミツをもたらしてくれる。　右下・左下／ただ眺めるだけでなく、育てたものを食べたり使ったりしていくことが「のはら」の信条。レモングラスなど生い茂るハーブはお茶に、刈り取った枝はリースに。場の資源を生かしきるパーマカルチャーの思想が根底にある

「美味しそう」が
コミュニティの入口に

「ちゃや」で提供されている摘みたてハーブ
ティーは、「圃場」に生えているハーブを自分の
手で摘んでくるところから始まる、一種のワーク
ショップになっている。これも「体験型」の工夫
だ。ハーブティーというと「お上品」なイメージ
があるが、摘みたてハーブからは「都市の野
生」の力強さを感じることができる。

また、同じく「ちゃや」で購入できるシモキタ
ハニーはシモキタ園藝部と協働しているハニー
ジェイプロジェクト株式会社のもの。杉山直子
さんと服部潤さんは養蜂家に2年間弟子入りし
て技術を学んだあと、自分たちで養蜂を行える
場所を探していたところシモキタ園藝部を知っ
て参加したそう。このコミュニティの縁から、現
在はなんと下北沢の街の中にあるビルの屋上
でミツバチを飼育している。

「実は都市部は養蜂に向いているんです。アメ
リカだとアーモンド農場でハチに受粉させてハ
チミツを採る場合が多いんですが、そこで使わ
れている農薬の影響でハチが死んでしまうんで
すね。これは世界的な問題ですが、下北沢の住
宅街や『のはら』の植栽は農薬を使うことがほ
ぼないため、より安全なハチミツを届けられま
す。下北沢の植物のおかげでハチたちも大変
元気に働いてくれています」

下北沢周辺を飛び回り、様々な庭やベランダ
の植物などから集められたハチミツは、まさに
「都市の自然」を感じることができる味だ。瓶に
は採取された日付が書かれているが、とても繊
細な季節の移ろいが感じられるから驚いてしまう。

また、ハチは40メートルもの上空に飛び上
がってから植物に向かうので、初めからビルの
屋上という高い場所に巣箱を置ける環境はハ
チにとっても負担が少ないのだという。

2023年現在、2年目に入ったシモキタハニー
は採蜜量も増え、今後もさらに園藝部の運営の一
端となり、また下北沢の名物になりたい、と話す。

「駅前なので『のはら』を通りがかる人は多い
んですね。買い物にきた人やバンドマンにも、

（　繋がる　）

左上・右上／「ちゃや」で提供されるハーブティーやかき氷、アイスクリームなど「美味しそう」が農のコミュニティへの第一歩につながる。　左下／季節によってハチが採蜜する植物が変わるため、ハチミツの味も季節ごとに変化する。ナッツのハチミツ漬けなど、ひと手間加えた商品も店頭に並ぶ

少しでも興味を持ってもらいたい。そのためには、こういったハーブティーやハチミツが必要だと思うんですね。夏には近隣で採れたフルーツをシロップにしてかき氷もやってるんですけど、とっても美味しいんですよ。まずそれを食べてもらって、『ここでつくってるんだ』というストーリーも感じてもらう。そしてコミュニティにも関わってもらう。そうすることで、人と緑が関わり合う街になっていくと思うんです」

シモキタ園藝部では「古樹屋」という活動も行っている。引っ越しや建物の解体などで育てられなくなった植物を引き取り、新しい持ち主へとつないでいくというものだ。

ミツバチが「のはら」を飛び回ることで、植物は受粉し、新しい実がなり豊かな緑が増えていく。ミツバチの巣箱ではハチミツがつくられ、それらは「ちゃや」の店頭に置かれて誰かに買われていく。その美味しさに嬉しくなり、また立ち寄ると誰かの元から渡ってきた鉢植えがあり、それを家で育ててみることにする。

行政や企業の手によって街に木々をただ植えるのでなく、こうやって人々の生活にささやかに影響し、少しずつ大きな循環をつくっていくダイナミズムこそがアーバンファーミングの醍醐味なのだと、のはらを眺めていると実感できる。ここからさらに人数も増え、大きな輪になっているであろう数年後、ここはどんな場所・コミュニティになっているのだろう。

「のはら」に生えているハーブを自ら摘み、それをハーブティーにして飲むワークショップも随時行っている。お茶を通して自然を取り入れる
鮮烈な体験だ

　　　（　　繋がる　　）

シモキタ園藝部

POINT

- 都会の駅前から生活に循環を生み出す
- 体験型の活動で積極的な参加を促す
- 「美味しそう」でコミュニティへの敷居を下げる

FEATURES

COMPOST

剪定した枝や草はすべてコンポストで堆肥に。駅を挟んで反対側にもコンポストがあり、そこには周辺の飲食店等の廃棄物が持ち込まれ、土に還っていく。

RAINWATER TANK

雨水を貯めておくタンク。なるべく水道水を使わない工夫をしているのは、都市に緑を増やしても、水を使いすぎてダムが増える結果になっては本末転倒だから。

BEEKEEPING

街中の飲食店などが入っているビル。誰もこの屋上に何万匹ものハチがいるとは思わないだろう。都市型養蜂は可能性に満ちている。

DATA

Shimokita Engeibu

場所	東京都世田谷区北沢2-21-12（シモキタ園藝部こや・ちゃや）
設立	2020年3月
広さ	約700㎡（のはら広場全体）
運営	一般社団法人シモキタ園藝部
予算	植栽管理事業および園藝部が運営する各種事業の売上

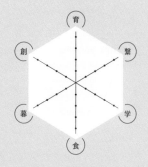

たもんじ交流農園

まちなか農園から広がる江戸野菜・寺島なすの復活

（ 繋がる ）

農園では栽培だけでなく、収穫物を使った草木染めなど様々なイベントも行われる

砂利だらけの
駐車場をDIYで農園に

農家も農地もゼロ。緑被率は10.7%と、23区でもワースト2位。そんな墨田区だが、江戸時代まで歴史を紐解けば、実は有名なナスの産地であったという事実が浮かび上がる。その名も、寺島なす。それをもう一度墨田区の名産にしようと普及に取り組むのが、まちづくり団体「NPO法人寺島・玉ノ井まちづくり協議会」、通称"てらたま"だ。

「最初は商店街のまちおこしのために、寺島なすを普及させようと始めたんです。しかし墨田区は畑どころか、庭がある家すら少ない。そこで、プランターやガード下の小さなスペースを使って寺島なすを育てたり、苗を配ったりしたんですが、やっぱり農園をつくりたいよね、と。中学校の廃校などいろいろと当たってみた末、ご縁をいただいたのがこのお寺だったんです」

てらたま代表の牛久光次さんは、寺島なすを栽培する市民農園の一角、お手製のウッドデッキに腰掛けながら、こう口を開いた。墨田区北部にある歴史あるお寺、多聞寺。そこに面するのが、てらたまが運営する市民農園「たもんじ交流農園」である。多種多様な野菜が植えられた菜園は、全部で12枠（23㎡／枠）。その周りには芝生などの広場あり、ビオトープあり、ブドウの木の天然パラソルあり……と、人家が密集する住宅街に突如として現れた小さなオアシスのようだ。

今でこそ、緑あふれる風景に変貌したものの、元々はお寺の臨時駐車場であり、一面が砂利だらけ。「地域のためになるのなら」という住職の厚意で、無償で借りられるようになった約200坪の土地を開墾するところから、市民農園づくりはスタートした。それが、2017年のことだ。

「元は埋め立て地なので、農業用の土に全面的に入れ替える必要があった。でも、スコップで砂利を掘って、大量の土を買ってダンプで運んで……めちゃくちゃお金がかかるんです。試算したら1000万円くらい。クラウドファンディングも考えたんですが、ちょうどその年に『すみだの夢応援助成事業』という新しい助成制度が墨田区にできたんです。それに採択されたおかげで、費用を賄うことができました」

すみだの夢応援助成事業とは、ふるさと納税制度を活用したクラウドファンディングで支援者を募る、ユニークな助成制度。墨田区へのふるさと納税として扱われるため、自己負担2000円を超える分は税額控除を受けられることから、通常のクラウドファンディングに比べても支援者のハードルが低いのが特徴だ。団体自ら想いや目的をPRし、支援者を募る必要があるが、集めた寄付額の100%を受け取ることができるという、画期的な制度である。

こうして、農園づくりにかかる多額の諸経費を賄うことに成功。土の運搬、ダンプやユンボの運転、すべての作業をDIYで行うなど、時間はかかっても人件費がかからない方法を選択。

（ 繋がる ）

てらたま代表の牛久光次さん（左）
と、多聞寺の岸田正博住職（右）。
「お寺とは本来様々な人が集う場。
農園のおかげで新しいつながりが
生まれ、ありがたい」と住職

CASE #04

（　繋がる　）

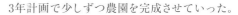

3年計画で少しずつ農園を完成させていった。「週末ごとに10〜20人くらいが集まって、奥の6枠を1年目、次の6枠を2年目、3年目に芝生とウッドデッキをつくりました。最初は『こんなところに農地なんてできるわけないよ』ってよく言われましたけど、なんとかなるだろうという根拠なき自信があった。ピザ窯を1年目につくって作業後のお楽しみもあったし、何より利害関係なく、地域のためにという共通の想いを持って、みんなで作業することが楽しかったんですよね」

左上／畑は、全12枠、24区画。1区画約11.5㎡（3.5坪）のため、約84坪。地続きで芝生広場とウッドデッキがのびのびと広がる。　中央上／記念樹ほか農園の名所を命名する権利をクラファンで譲渡し、運営資金に役立てた。ウッドデッキ広場は「たのしく かたりあう しあわせの広場」と名付けられた。　右上／無農薬栽培の色とりどりの野菜たち。　左下／手づくりのブドウ棚の下は、自然と人が集まる憩いの場。　中央下／車椅子の高さに合わせたプランターも。バリアフリー農園だ。　右下／小ぶりながら皮がかたく身がしっかりと締まった寺島なす

農園から始まる多世代交流と
寺島なすの地産地消

　24区画の菜園は、月5000円で借りられる市民農園スペースと、てらたまが管理するスペースに分かれている。無農薬、無化学肥料など栽培方法に関する基本ルールはあるものの、市民農園は寺島なすではないナス以外なら何を栽培しても自由。一方、てらたまが管理するスペースでは、夏から秋にかけての時期は、寺島なすが一面にいきいきと葉を広げる。

　育てられた寺島なすは、地産地消を目指すべく、地域の飲食店へ。2022年8月には、「第一回寺島なす祭り」を墨田区内の公園で開催。「N1（なすワン）グランプリ」というフードイベントを企画し、8つの飲食店が寺島なすを使った多彩な料理を販売し、大好評を博したそうだ。

　「寺島なすは、皮が厚く身もしっかりしているのが特徴。素揚げにすると、普通のナスならベチャッとなるところが、寺島なすはぷりっとした食感になる。食べ応えがあるので、メインディッシュにもなり得る。調理法には工夫が必要ですが、逆にその個性を活かした料理を探究する魅力がある野菜なんです」

　地産地消の動きには飲食店も乗り気で、寺島なすのニーズは高まっているというが、ネックと

（　繋がる　）

なるのが生産体制。たもんじ交流農園だけでは
当然、生産量に限りがあるが、あいにく、墨田区
には農家も農地もない。現在、区外の農家に声
をかけて寺島なすの普及を進めているが、それ
と同時に、今後はたもんじ交流農園以外にも墨
田区内でまちなか農園を増やしていきたい、と
牛久さんは話す。

インディペンデント・キュレーターの青木 彬、ヨネ
ザワエリカによる地域の文化資源の活用を通じて
まちを学びの場に見立てるアートプロジェクト「ファ
ンタジア! ファンタジア! ―生き方がかたちになった
まちー」(通称:ファンファン)との協働で開催され
た草木染めワークショップ。染色技法で作品を制
作しているアーティストの山本愛子(P.076)を講
師に、たもんじで栽培されていた寺島なす、マリー
ゴールド、ドクダミを活用して暖簾を製作した

御前栽畑の跡地で、牛久さんが思い描く未来予想図。スカイツリーと東京タワーを望む地で、世界に誇る都市農園の完成を目指す
イラスト：干場 晃

「都市部の街中に農園があることの良さを、実際にやってみて心から実感したんです。都会の生活では、小さい子供からお年寄りまで一緒になって楽しめる機会がほとんどなくなってしまったなかで、たもんじ交流農園という場をつくったことで、地域コミュニティとして多様な交流が自然発生している。非常に豊かな生活ですよね。こうした場や楽しみを広めていけば、結果的に寺島なすという江戸野菜が地域に普及する可能性は自ずと高まるんじゃないか、と思っています」

実際、農園の草木を使った染め物のワークショップなどには、幅広い世代の参加者が集まっている。

かつては、地名を寺島といい、江戸の人々に新鮮な野菜を供給する豊かな農村だったという墨田区東向島。隅田川の東岸、木母寺に隣接

する「御前栽畑」では、将軍が食べるための厳選野菜を育てており、その中には寺島なすも含まれていたそうだ。時を経て現在、その旧御前栽畑の跡地は、広大な空き地になっているという。そのような事実を受け、「寺島なす復活プロジェクト」の最終章として描く青写真について、牛久さんは、最後にこう熱く語ってくれた。

「御前栽畑は、歌川広重の浮世絵・名所江戸百景にも描かれるほど、かつては風光明媚な場所だった。それをもう一度復活させて、世界に誇る都市型農園をつくろうという、本気の働きかけを始めたんです。歴史と文化が交差する墨田区は、元来、日本固有の魅力がある場所。都市型農園で江戸野菜をつくり、そこで日本独自の文化が体験できるようになれば、世界的にも唯一無二の価値が生まれる。そんな未来が実現すればすばらしいですよね」

たもんじ交流農園

POINT

- 江戸野菜・寺島なすの復活と普及プロジェクト
- 失われた地域交流を取り戻すコミュニティ農園
- 夢は大きく、「御前栽畑」の復活を目指す

FEATURES

WOOD DECK

農作業の合間に利用できる休憩スペースをつくりたかったが、建物を建てると固定資産税が高くなる。そのため農園の一角には、本業が建築家である牛久さんがウッドデッキを設計、皆でDIYで建てた。

RAINWATER TANK

雨水を利用して畑に撒く。墨田区は数十年前から雨水利用に取り組み、そこかしこに雨水タンクがある。雨水を生かす運動を進めるNPO「雨水市民の会」協力のもと、再利用タンクの設置が実現した。

TOOL SHED

道具小屋には、共有で使用する農具や資材を収納。運営費で購入した堆肥や腐葉土も、必要な分だけを自由に使うことができる。化学肥料などの持ち込みは禁止。皆が同じ条件で栽培に取り組む。

DATA

Tamonji Community Farm

場所	東京都墨田区墨田5-30-19
設立	2017年
広さ	660㎡
運営	NPO法人寺島・玉ノ井まちづくり協議会
予算	すみだの夢応援助成事業+農園会員 会費

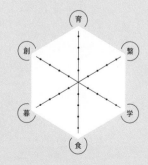

パンクスピリットで未来を耕す

小倉 崇

URBAN FARMERS CLUB代表理事／渋谷区ふれあい植物センター園長

「街を編集する」感覚

渋谷駅新南口、川沿いの遊歩道に位置する「渋谷リバーストリートファーム」や、恵比寿ガーデンプレイス内の「エビスガーデンファーム」など、渋谷エリアに4箇所のコミュニティファームを持つNPOが「URBAN FARMERS CLUB」（以下UFC）。渋谷という日本有数の繁華街とアーバンファーミングをつなげているのが、代表理事の小倉 崇さん。

小倉さんは元々編集者で、週刊誌やファッション誌を経て独立。旅に関わる雑誌の編集に参加し、文字通り世界中を飛び回っていた。忙しい日々に追われる中で、徐々に農へ興味を募らせていったという。

「子供が生まれた頃から、漠然と自分がつくった野菜で暮らせるようになりたいなと思いはじめました。でも、何からやったらいいかもわからないし、そのままになってたんですよね。そうしているうちに、東日本大震災になって『なんで何もしなかったんだろう』と後悔して。ちょうど農家さんに取材する機会がちょくちょくあったので、私情をはさみまくって取材と関係ない農業のノウハウも聞きまくるようになりました（笑）」

震災の後、沖縄などに移住する知人が多かったのもきっかけのひとつだったそう。「君たちが東京を捨てるなら、空き地が増えた東京で好き勝手やってやる」という反骨精神だ。

いろいろな生産者の話を聞いていくうちに、相模原に住む若い農家と出会う。仲間たちと相模原の畑に通い自然栽培を体験していくうちに、いつしかUFCの前身となる「weekend farmers」という活動になっていった。

「一緒に相模原の畑に行っていたアーティストの友達が『夜中の山奥で野外ライブするのが面白いと思ってたけど、こうやって太陽の下で汗かいて土いじるのが何よりもパーティーだ』って言ったんです。ああ、畑はパーティーの延長なんだなと思いましたね」

weekend farmersの噂を聞きつけた渋谷道玄坂のライブハウス「O-EAST」の運営会社から、「なにか一緒にできないか」と声をかけられたのが2015年。当初はライブハウスでマルシェを開くという案もあったが、ライブハウスやクラブ、ラブホテルが乱立する道玄坂で需要があるとは思えない。

「偶然、工事現場を通りかかったらアスファルトを剥がしていて、土が見えたんです。渋谷に

渋谷リバーストリートファームの
前に立つ小倉さん。編集者の傍
ら「渋谷の農家」としてアーバン
ファーミングの普及に努める

渋谷区道玄坂のライブハウスO-EASTの屋上につくられていた「渋谷の畑」。3つの
巨大プランターをつくり様々なイベントを行った

も土があるという当たり前のことに気付いて、街の真ん中で畑をやったら面白そうだなと。法律的に勝手に地面を掘ることはできないんで、だったら屋上でやったらいいじゃん! という。O-EASTの屋上にはちょうど開けているスペースがありました。それから調べはじめて、アーバンファーミングという概念が海外で広まりつつあることを知ったんです。世界的にも同じようなこと考えている人がいるんだなと、シンクロニシティを感じましたね。市民が自主的にコミュニティファームをつくる事例なんかを読んで、その『街を編集する』感覚が面白かったんです」

みんなで土を運んで屋上ファームを設営し、相模原と同じやり方でニンジンを栽培。小倉さんいわく「街の欲望と愛を養分に（笑）」立派に

育った作物は評判となり、相模原の畑の収入アップにもつながった。学生や会社員、主婦など様々な人々が連日見学に訪れ、どんどん輪が広がっていった。

アーバンファーミングを
カルチャーとして定着させる

屋上ファームはO-EASTの改装に伴い2年ほどで閉鎖になるが、そこに集ったメンバーでつくられたのがUFCだ。

「理事10人で立ち上げて、キックオフイベントには150人来てくれてそのうちの130人が登録してくれました。当初はメンバーから会費をいただいて運営していこうと思ってたんですけど、

（　繋がる　）

そのイベントで理事の植原正太郎（NPO法人グリーンズ 代表理事）が『今後、入会金の1000円以外は一切いただきません!』って宣言しちゃったんですよ。テンション上がりすぎたんでしょうね（笑）。そこからは運営維持費をどうするか、毎日頭ひねってます」

想定外のスタートだったが、地域にとってアーバンファーミングが寄与する価値を企業にプレゼンし、東急不動産株式会社などから協賛金を得て運営することができた。周辺の幼稚園の食育と連携することで、株式会社伊藤園やキューピー株式会社からの協賛金も得られたという。また、企画運営するワークショップなどのイベント参加費や寄付も運営費になっている。

現在、メンバーは約800名にまで増えている

左上・右中／廃材を活用してUFCメンバーによってつくられた渋谷リバーストリートファーム。 右上／渋谷川沿いでは食品廃棄物を堆肥化した土でジャガイモを栽培している。 右下／日本の自給率がゼロのオーガニックコットンを育てるプロジェクト。自分で育ててみることから、普段着ている服にどれだけの量のコットンフラワーが必要なのかわかる貴重な経験になる

東急不動産、伊藤園、キユーピーの3社共同で東急プラザ表参道原宿につくられた「おもはらの森（やさいの森）」での食育

が、ここまでの大人数となると一枚岩ではいかないだろう。メンバー間のトラブルにはどう対処しているのだろうか。

「特にルールは設けていません。『善悪で物事を判断しない』ということだけですかね。いろんな人がいるので、自分の考えを押し付けずに知識も収穫物もシェアしていく。ゆるーくやることが大事ですよ（笑）。人間関係もそうだし、今はあらゆることが分断されちゃってるじゃないですか。仕事にしても細かく分断されて、一体自分が何をつくっているのかわからない。農業は種をまくところから収穫まで、すべてに関わることができるから全体性を回復できるような気がしますね」

　ここからここまでが私の畑、これは私が育てた野菜、と分けるのではなく全員で関わり合う。そして、このファームだけで完結するのではなく、経験を各々が持ち帰り、また広げていく。そうすることで社会全体のあり方も変わっていくのだ。

「でも、アーバンファーミングをカルチャーとして定着させることの難しさをあらためて感じています。例えばパンクロックが1〜2年の間に世界中を席巻して、新しいカルチャーになったようには、なかなかならない。一過性のものでは終わらせないようにする方法をずっと考えてます」

　パンクは1970年代後半に起こり、複雑化して芸術性を優先するようになったロックを、もう一度シンプルで初期衝動的なものに引き戻すというムーブメントだった。音楽的知識も楽器の演

（　繋がる　）

連携する相模原市緑区の里山で開催された五十嵐創シェフによる野菜のフルコースを味わう「畑のレストランWS」

奏経験もない素人が、見様見真似で曲をつくってステージに上がるだけでいい。

　そういった意味で、UFCの活動はまさにパンク的ではないだろうか。高度に専門化された農業を生活の中に取り戻し、誰でも参加できるように敷居を大幅に下げている。パンクからスタートしてだんだんと音楽性を洗練させたミュージシャンが何人も出てきたように、UFCの活動からズブズブと農業に入り込んでいく人もまた多く輩出されるだろう。私たちはUFCを通して、農のパンクムーブメントを目撃しているのだ。

「楽器買ってバンド組むのもいいけど、畑なら体ひとつ、種1粒で始められちゃいますから」

FUKROW ── 廃材を活用した袋状のプランター

東北新社・緑化隊

　アーバンファーミングは、新たにプランターや植木鉢を買わなくても、土と苗を入れる器や袋があれば簡単に始められる。衣装ケースやスーツケースなど、身の回りの廃材や未利用材をプランターとして活用することも可能だ。こうした再生型プランターのひとつが「FUKROW」。販売できずに残ったカーテンの素材を活用したプランターだ。その名は、「不苦労」「福路」等の当て字から縁起が良いとされるフクロウと、袋に由来している。厚さの関係でバッグや帽子などのアイテムへのアップサイクルが難しいカーテン生地も、こうしてプランターとして使うことで新たな命を育むことができる。

　使い方は簡単。

1. FUKROWの中に土、サツマイモ※の苗を入れ、ヒモを軽くしばる。
2. ジョウロなどで水をあげると、袋の上部より芽が育つ。
3. 約3〜5カ月で収穫できる(葉が黄色くなりはじめた頃が収穫期)。

※ジャガイモの種芋でもOK

(繋がる)

FUKROW　東北新社及びグループ企業のナショナルインテリアと緑化隊が開発した、未来のための袋型プランター。販売できずに残ったカーテンの素材をプランターとして有効活用することでSDGs達成に貢献することを目指している。
https://tfcsdgs-fukrow.tumblr.com/

ART
#01

あわいのはた

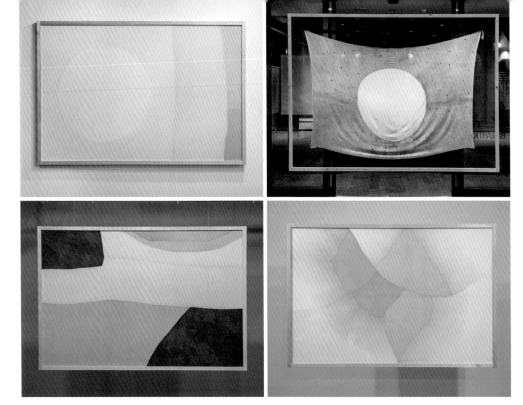

コロナ禍で生まれた「あわいのはた」シリーズ。右上から時計回りに《あわいのはた―円と星屑》、《あわいのはた》#4、#5、#7。アジアの様々な土地で出合った植物から色を抽出して布を染め、パッチワークによって再構成している。使用した植物は国内外で収集した、藍、ドクダミ、梅、椿、杉、枇杷、胡桃、ツツジ、ヨモギ、檳榔子ほか

山本愛子（現代美術家）

　私は2015年頃から、アジアを中心に旅をしながら作品制作をしてきましたが、2020年に神奈川県横須賀市の自然豊かな土地に移り住むことになりました。移住は新型コロナウイルスが国内でも猛威を振るい始めた頃であり、人々の生活が「国境」や「県境」などで分断されるようになっていくことを痛感していました。

　コロナ禍に制作した作品シリーズ《あわいのはた》は、横須賀市のスタジオ近辺で採取した野草や畑で育てた藍、アジア各国で収集してきた草木を用いて染色しています。様々な土地の植物たちが国境を超えて、絹布に「色」として混じり合っているのです。また、支持体である絹布は、動物性タンパク質であり、人間の皮膚と非常に近い構造を持っています。私たちが日々衣服に包まれて生きていることや、死後でさえ骨壺が布に包まれることからも、布は人間にとって第二の皮膚であり、私と世界を繋ぐ存在とも言えます。

　国境を超えて生息する草木。私と世界を繋ぐ絹。染色を通じて、地理や時空では分断されない、あわい＝間の存在が見えてきたのです。国旗によって国境が生まれるのならば、《あわいのはた》は人間が規定したあらゆる境界の中に隠されたあわいを植物によって可視化する作品です。様々な分断が生じる現代、私は祈るように《あわいのはた》を染めていました。

やまもと・あいこ／1991年神奈川県生まれ、在住。東京藝術大学大学院先端芸術表現科修了。平成30年度ポーラ美術振興財団在外研修員として中国で研修。天然染料などの自然素材及び廃材を用いて、ものの持つ土着性や記憶の在り処を主題に制作をしている。

大竹道茂（江戸東京・伝統野菜研究会代表）

江戸東京野菜の現状と未来

　江戸東京野菜とは、江戸から東京の時代に生まれ栽培してきた野菜。そして、その野菜は、朱引きで仕切られた江戸の地域と、多摩や島嶼地区で栽培されてきた野菜で、時代と栽培地から「江戸東京野菜」と呼んでいます。

　私が江戸東京野菜の復活に取り組み始めたのは平成の初め頃です。かつては村々にあった地域の名前が付いた伝統野菜は、練馬ダイコン、亀戸ダイコン、高倉ダイコン、東光寺ダイコン、滝野川ゴボウ、伝統小松菜、金町コカブ、馬込半白キュウリ、馬込三寸ニンジン、奥多摩ワサビなど15種類しか見つかりませんでした。その後、毎年探し当てて、2022年10月現在、52品目になりましたが、浮世絵にも描かれた"駒込のなす"と"砂村のとうなす"はまだ見つかっていません。

　伝統野菜は、種の採れる野菜です。種を通して、野菜の命が今日まで伝わっています。伝統野菜は不揃いなのが特徴で、需要の多い大根などは形や味を守るために、収穫されたものの中から生産者が選抜淘汰して種を採り、固定化する努力がされてきました。いわゆる固定種です。

　大都市の首都圏をはじめ、近畿圏、中部圏に安定的に全国の農産物を供給する制度として、主要野菜の主産地を、政府は指定産地として産地育成をしました。例えば、キャベツなら群馬県の嬬恋村、大根だと神奈川県の三浦などがそれです。これまで主産地では品質向上を図るため、前述の通り、形や味の固定化を図ってきましたが、流通上の規格に合わないものも多々収穫されました。それは規格外として処理されることから、生産者たちは規格に合った野菜が安定的に生産されることを望んでいました。

　そこで生まれたのが、種苗商によってつくり上げられた一代雑種の交配種です。交配種は種が採れても同じものができないことから、食べて終わりで、命はつながりません。同じものをつくるには交配種の種を栽培の都度、購入するしかありません。昭和60年代にはほとんどの野菜が揃いの良い交配種に切り替わり、固定種の野菜は絶滅を待つようでした。

　小松菜は、江戸川、葛飾、足立等で栽培されていた冬の地方野菜でしたが、今や交配種として、種は北海道から沖縄までで販売されています。しかし、固定種の野菜は貴重な遺伝資源を持っていることから、交配種をつくるには必要です。したがって貴重な遺伝資源を持つ伝統野菜を次世代に伝えることも、この時代に生きる者の務めとして取り組んでいます。

おおたけ・みちしげ／1944年生まれ。東京農業大学卒業。NPO江戸東京野菜コンシェルジュ協会代表理事・会長。1989年よりJA東京中央会にて、江戸東京野菜の復活に取り組み、江戸東京農業の説明板を都内に50カ所設置を企画。

江戸東京野菜の復活と
アーバンファーミング

　2010年に早稲田ミョウガを発見しました。ミョウガは種で増やすのではなく、地下茎が伸びて増えていくことから、新宿区早稲田地区の旧家の庭などにあるのではないかと仮説を立て、早稲田大学の協力のもと学生と探し回って発見したのです。早稲田ミョウガは晩生のミョウガで、晩夏のミョウガの子と、春先のミョウガタケとして、新宿区の学校給食でも提供されました。

　また2021年には、絶滅したと言われていた江戸時代のワサビが三鷹市大沢で発見されました。増殖の取り組みとして、都立農業高校神代農場のワサビ田でも栽培され、深大寺の蕎麦屋さんも使いたいと待ち望んでいて、2022年10月に江戸東京野菜に認定されました。このように、江戸東京野菜はたくさん栽培して全国に売り出すものではなく、東京に来て食べていただく地元のおもてなし食材です。

　そして江戸東京野菜は、SDGs17の目標のうち、1・2・3・4・11・12・14・15・17に関連しています。とくに11の「住み続けられるまちづくりを」について、市民農園や屋上菜園といったアーバンファーミングは、まちづくりには欠かせません。都市の農地が相続問題などで減少の一途をたどるなか、SDGsの観点からも江戸時代の歴史文化を次世代に伝えるツールとしても、江戸東京野菜の栽培は重要なのです。

ほとんどの子どもたちは、
食べものはお店の棚からやってくると
考えています。
毎日のちゃんとした食事が、
自分の手と地球によってもたらされるなんて、
想像もできないにちがいありません。

───マイケル・エイブルマン『On Good Land』

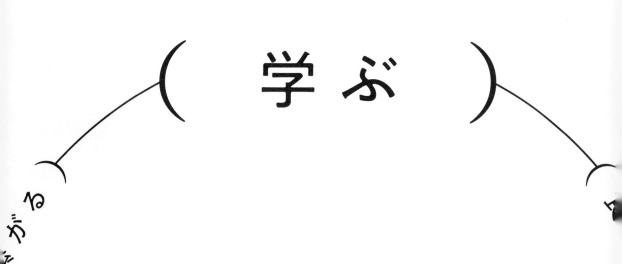

つ な が る （ 学 ぶ ） 守 る

都市における畑は、生きた教育の場だ。
効率性やスピードに支配された都市で、野菜の育て方だけでなく、
生命のつながりや環境との関係を知ることで意識が変化する。
アーバンファームは自然から切り離された消費者ではなく、
多様ないのちと共に地球に暮らす市民の一人として
地に足の着いた生き方を始めるための教室なのだ。

CASE
#05

武蔵野大学
有明キャンパス屋上菜園

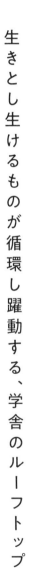

生きとし生けるものが循環し躍動する、学舎のルーフトップ

（　学ぶ　）

武蔵野大学校舎屋上に明石さんをはじめ大学生の手でつくり上げられた屋上農園

人と自然との
関係をつなぎ直す

　新交通ゆりかもめに揺られて、東京ビッグサイト駅で下車。立ち並ぶ高層ビルの威圧感に圧倒されながら5分ほど歩くと、創立から100年ほどの歴史を誇る私立武蔵野大学が見えてくる。この校舎の屋上には、周囲の景観からはおよそ想像できない、ユニークな菜園が展開されているという。

　屋上に上がってみるとそこには正真正銘の農地が。工学部サステナビリティ学科准教授の明石修さんが2016年に提案したアイデアが大学側に受け入れられ、横30メートル、縦20メートルほどの屋上敷地に多くの人が集まる農園が形成された。明石さんはアイデアの起点についてこう話す。

「ここは3階建てで、向かい側の建物は10階建て。あるとき向こうの建物からこちらの屋上を眺めていたら、青々とした芝生が敷かれていました。だけど鍵が閉められ、誰も使えない状態だったんですよね。都の条例で緑化面積の規制を満たすためだけに芝生が敷かれていたと。その状態がとてももったいなく思えたし、この屋上空間が貴重な資源にも感じられた。この資源と僕がやりたいことを合わせて、きっと素晴らしいものをつくれるんじゃないかと思ってしまったんです」

　長年、気候変動の研究を続けていた明石さん。環境問題と向き合うなかで、大切なことは何かをつねに探し続けてきた。こうした経験から得たひとつの結論は、テクノロジーだけで地球環境を改善するのは難しいということ。では、人はどのような行いによって気候変動の荒波を切り抜けていけるのか。

「エネルギーやモノを激しく消費しているのは都市であるという問題意識が自分の中で大きくなっていって。ならば、都市住民のライフスタイルを自然と調和したものにしていくことが重要だと思うようになっていったんです。言い換えれば、人と自然との関係性をもう一度、見つめ直してつなぎ直すこと。具体的には都市住民が自分で野菜をつくったり、自然と触れ合ったりしていくなかで、自分自身が自然環境と直接、関連しているということを楽しめるような場所がつくれたらいいなと。そういう思いが徐々に、私自身の『やりたいこと』として明快になっていった。そんなタイミングで屋上空間の『資源』に気づくことができたんです」

　資源が糧となり、排泄物さえ資源につながる循環型社会のデザインにも強い興味を抱いていた明石さん。この「パーマカルチャー」の思想も手伝って、都会の中で資源が循環し、人も交流するような場を、武蔵野大学の屋上につくり上げたのである。

（　学ぶ　）

取材当日のOPEN DAYに集った
ゼミ生、子供たちと一緒に収穫物
を手に明石さん（右）

085

(学 ぶ)

左上・左下／子供と一緒に収穫したり、写生をしたり、思い思いに過ごす参加者たち。　右上／自然に飛来してきて、いつのまにか大きく育ったシンボルツリー。右下／カフェの野菜の残りかすや落ち葉を堆肥化するコンポスト。　左下右／手づくりのハチミツ巣箱で収穫したハチミツの売上が運営にも寄与している。　下／地植えとレイズドベッドで風の影響を受けにくい作物を幅広く栽培している

人の心を癒やす
ウェルビーイングの場

あらためてこの屋上スペースを眺めてみると、作物を育てる畳一枚ほどの区画が7カ所に、堆肥をつくるコンポストが数機。トマト、ネギ、バジル、ナス、ピーマン、イチゴ、ニンニクなど、屋上における風の影響を受けにくい作物を幅広く栽培する。屋上だから野菜を食べてしまう動物や虫を気にせず農作業ができるのも利点だ。養蜂も手掛けることで、スイカやカボチャの受粉を助けてくれるほか、半径2キロ程度の飛行エリアでは周囲の生態系を豊かにすることにも貢献。年間50キロ程度、採れるというハチミツはレストランなどへ販売も行う。また、校舎1階にあるカフェで出た野菜の残り滓は、この屋上で堆肥化し、新たな野菜の肥料となる。周辺道路で大量に発生する秋の落ち葉も、ここで堆肥化することでゴミの有効活用にもなっている。この屋上での営みがさらなる食を生み、マネタイズにも寄与し、周辺環境にも好影響を与えるという格

(学ぶ)

この日の収穫物。風の強い屋上に合わせた野菜が多数植えられている

好だ。でも、こうした状況だけで、武蔵野大学校舎屋上の魅力を説明するには足りない。

「私が嬉しいのはこの場を核としてコミュニティが生まれたということ。屋上菜園の運営に参加したい人を学内で募集したところ、100人以上が登録してくれて。なかには授業をサボってまでここに集まってくれる学生もいてですね（笑）。大学が合わないので辞めようと思っていた学生が、この屋上での活動に参加して大学に居続

けるよう心変わりしたとか、コロナ禍でもここで人と会えることで生きている実感がするとか、他人との交流を苦手としていた学生がここでの活動を通じてオープンマインドになっていったとか。今では職員さんはもちろん学外からも人が来てくれるようになりました。この場のエネルギーが多くの人に良い影響を与え、さらに場のエネルギーが増幅していくサイクルというのは、当初、私が描いていた理想でもありましたから、

オクラの花と「来た人が嬉しくなるように」と入口付近に植えられたイチゴ

それは嬉しいですよ」

　精密に設計されたサステナブルシステムというより、人間を含めたあらゆる生き物や資源が心地よく生かされる関係性をつくりたかったと話す、明石さん。カギとなるポイントは「心地よい」という部分であり、ゆえに、この場で何をしようとか、設定されたゴールやルール、レールは存在しない。すべてが自由であり、だからこそこの屋上には活き活きとした空気がみなぎっている。

「もちろん野菜づくりに一所懸命な人もいますし、コンポストに興味を持つ人も多い。だけど、ただここにやって来てぼーっとするのもOKだし、なにか新しいことやってみようっていうアイデアも歓迎です。こうした緑の中で、皆がやり

たいことを自由に行う、自分らしくいられるということが大切だと思っているんです。現代人はとかく社会の中で、何をやれ、これをやらねば、の連続です。そのような状況から解き放たれ、しかもそれが自然を感じられる場所であるなら素晴らしいことでしょう」

　都会のど真ん中、しかもビルの屋上に生まれ育った豊かな生態系。ここは、生きとし生けるものが幸福になり、それぞれが生きているだけで循環していくという理想とウェルビーイングを体感できる場。環境問題と対峙するなかで、都市住民のマインドを変えていくというひとつの方策に着目した明石さん。その試みはこれまでのところ、予想を超えたポジティブな連鎖を生み出している。

（　学ぶ　）

武蔵野大学 有明キャンパス屋上菜園

POINT

- その場と集まる人の資源を生かした豊かな生態系
- 場にコミットして定期的に関わる仲間づくり
- 消費主義的な都市を生産・創造する場に変えていく

FEATURES

COMPOST

カフェの野菜の残り滓や落ち葉を堆肥化するコンポストで、あらゆるものが資源として循環することを体感できる。

BEEKEEPING

年間50キロ近くも収穫されるハチミツ巣箱。文字通りの「働き蜂」たちが日々、勝手に農園の運営費を集めてきてくれている。

RAINWATER TANK

屋上に降る雨も大切な資源の一つとして、農園の片隅には雨水を貯めるためタンクを設置。

DATA

Musashino Univ. Ariake Campus Rooftop Farm

場所	東京都江東区有明3-3-3
設立	2017年4月
広さ	600㎡
運営	武蔵野大学
予算	大学予算（武蔵野大学しあわせ研究所）

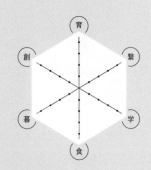

Edible KAYABAEN

子供たちと共につくる金融の街の食育菜園

（　学ぶ　）

日本経済の中心地である茅場町の屋上には、苛烈な資本主義とは別のルールで動こうとしている菜園がある

「自分もまた自然の一部」と
実感できる居場所づくり

東京都中央区日本橋茅場町。「日本のウォール街」と称される兜町に隣接する、金融の中心地だ。この街にドンと鎮座する東京証券会館の屋上にもまたファームがある。その名も「Edible KAYABAEN」。「人が集い、投資と成長が生まれる街づくり」を街づくりコンセプトとして「日本橋兜町・茅場町再活性化プロジェクト」を推進する平和不動産株式会社が、その一環として株式会社ユニバーサル園芸社、一般社団法人エディブル・スクールヤード・ジャパンと連携し、菜園を含む屋上ファームガーデンを計画したものだ。エディブル・スクールヤード・ジャパンの代表で菜園教育研究家の堀口博子さんはこう振り返る。

「この地域は金融の街ということで発展してきましたが、最近はどんどん家族や子供たちの人口が増えているんです。最寄りの阪本小学校も、1学年1組だったのが2組になりました。その50％近くがタワーマンションの入居者なんだそうです。そういった方々の新しい賑わいの場所をつくりたいということで、私たちに声をかけていただきました」

堀口さんは編集者として活動しながら徐々にファーミングに興味を持ち、「エディブル・スクールヤード」にたどり着いた。それはサンフランシスコのオーガニックレストラン「シェ・パニース」のオーナーシェフであり、著書『The Art of Simple Food』で知られるアリス・ウォータースさんがはじめた運動で、学校の校庭に畑をつくり、エディブル・エデュケーション（食・農教育）を正規の授業として行うことを提案したもの。1995年に始まり、現在では全米5800カ所に広がっている。感銘を受けた堀口さんは自身のコミュニティガーデンや、渋谷区、多摩市の小学校で食を学びの軸に据えた菜園教育を実践し、2014年にエディブル・スクールヤード・ジャパンを設立した。

「私たちの目標はすべての学校に菜園をつくって、子供たちが必須科目としてその菜園で授業を受けられるようにすることなんです。近くに中央区立阪本小学校があるので、もしここが阪本小の学校菜園として活用されれば、ここでの取り組みがきっかけになって全国に広がっていくかもしれないと思いました」

コロナ禍において家庭でのベランダ菜園が盛んになったとも言われるが、タワーマンションの高層階は窓が開かないことも多い。しかし、インターネットを通じて植物や野菜の知識を持っている子供は意外にも多いという。

「『百姓』というくらいで、農業には100の習いがあるんですね。すべてが入っている。野菜を育てるということだけを学ぶのではなく、それを通してどのように自然とつながっているかを感じ取って、自分もまた自然の一部であると実感できるような居場所をつくってほしいんです」

日本の教育現場に普及している「食育」は、

堀口博子さんは、エディブル・ス
クールヤードを日本に初めて紹介
した書籍『食育菜園』を手がけた

左上／菜園に必要な設備は、ワークショッ
プを通して参加者が自らつくっていく。
左下／本当の意味で「Farm to Table」
を体感できるように、菜園の近くに冷蔵庫
や流し台などのキッチン設備をこだわって
デザイン。　右下／みんなで楽しく食べる
テーブルが、畑とキッチンに挟まれている。
まさに「Farm to Table」の理念が具現
化した光景

（　　学ぶ　　）

厚生労働省・文部科学省・農林水産省それ
ぞれが計画したもので、「健康であること」「給
食の充実」「農家を守る」と目的が微妙に違っ
ているそうだ。最近はこの3つをSDGsとエコロ
ジーの視点がつないだことによって、本来の食
育に近づいてきている。

「だいぶ私たちもやりやすくなりました。エディ
ブル・スクールヤードを9年にわたり実践して
きた多摩市立愛和小学校では、4年生になると
循環をテーマに授業するんです。4年生ともなる
と自然を理論的に理解するようになり、育てて

食べて、それをまた土に還すという命の循環を
しっかり理解していますね」

実際に阪本小ではEdible KAYABAENを
使って授業が行われるようになった。初回はみ
んなで種をまくところから。成長の様子は写真
に撮って、子供たちがいつでも見られるように
なっている。ビルの都合上いつでも入れるわけ
ではないが、ゆくゆくは子供たちが好きなとき
に野菜の様子を感じ取れるような体制にしてい
きたいそうだ。

遊びながら子供の主体性を育み
畑から「自分ごと」を増やす

　Edible KAYABAENは2022年5月に開園。堀口さんも屋上で菜園を営むことは初めての経験で、試行錯誤の連続だった。安全性の問題から土も軽いものを使わなければならないし、水やりの灌水システムや日光の照り返しなど問題は山積み。しかし、都市の屋上という空間をもがきながらファームにつくり替えていったこと自体が、大きな価値を持つだろう。

　阪本小の生徒に限らず、地域の子供たちに向けて、食と農・子どもたちの自然学校「アーススコーレ」を2022年5月に開校している。学校の授業では1回に90分しか時間が取れないが、こちらは150分なのでより深く関わることができる。「まずはオリエンテーションとして遊びながらこの場所を観察して、知ってもらおうと思っています。その後は子供たちが何をしたいのか、自主的にプログラムを組んでいけるようにしようと。あと、子供たちが主体になるファーマーズマーケットもやっていく予定です。自分で育てた野菜を食べるだけでなく、売ってみるという体験を通して、社会的・経済的な学びにもなる。健全なフードシステムを知ることができますよね」

　家の食卓では野菜を食べない子供も、自分で育てたものなら喜んで食べる。その視野をさらに広げることで、「自分で育てた野菜と買ってきた野菜は何が違うんだろう?」「どういうルートで売られているんだろう?」という疑問を持つきっかけになる。こうやって「自分ごと」を増やしていくことを、アリスさんも重要視していたそうだ。

　もちろん、子供だけでは食育菜園は成り立た

（　学ぶ　）

自分で育てたものを、自分で料理し、食べる。都会でこういった経験をした子供たちは、社会へどのような眼差しを向けていくのだろう

ない。生きる力を見守り、寄り添う大人たちのサポートが必要だ。何よりも、楽しんでいる大人の姿を見せることが子供にポジティブな影響を与える。その点、Edible KAYABAEN は開かれた場所なので、誰もがシンプルに農と戯れることができる。それが次世代への教育につながるなんて、これほど素晴らしいことはない。

「金融って、私たちが手出しできないような大きな世界じゃないですか。毎日株価が上がったり下がったりしている街の屋上に、子供たちが主体的に関わっている菜園があるということが、この先の未来の明るい象徴になってくれると思います」

上／植物にとって厳しい条件の、文字通りのコンクリートジャングルでも野菜は力強く葉を茂らせている。
下／パーゴラにはわせたブドウも、1年目から実をつけた

（　　学ぶ　　）

Edible KAYABAEN

POINT

- 「不動産会社×菜園教育」の地域活性化プロジェクト
- 遊びながら子供たちの主体性を育む
- 販売までの体験を通して経済的な学びにもつなげる

FEATURES

ENTRANCE

どんな属性の人でもオープンに受け入れる明るい雰囲気。エレベーターホールにはアリス・ウォータースの理念なども掲示されている。

METHOD

エディブル・スクールヤードやパーマカルチャーの方法論が実践的に取り入れられており、この菜園を通じて子供たちが栽培や調理から自然の循環、経済まで学べるようになっている。

COMPOST

コンポストがあることで、「育てて終わり」「食べて終わり」という一方通行ではない生態系の循環を実感できる。外側も子供たちと絵を描いて可愛く仕上げ中。

DATA

Edible KAYABAEN

場所	東京都中央区日本橋茅場町1-5-8 東京証券会館屋上
設立	2022年5月
広さ	約600㎡
運営	平和不動産株式会社／株式会社ユニバーサル園芸社／一般社団法人エディブル・スクールヤード・ジャパン
予算	非公開

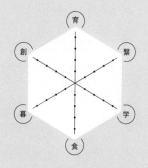

生き方をデザインするパーマカルチャー

フィル・キャッシュマン

Permaculture AWA代表

あるがままを、まず観察する

千葉県南房総市和田町。海にも程近く、青々とした山が立ち並ぶこの土地に「パーマカルチャー安房」（PAWA）がある。

パーマカルチャーとは、「パーマネント（永続性）、農業（アグリカルチャー）、文化（カルチャー）」を組み合わせた概念で、循環型の農業をもとに、人と自然がともに豊かになるような関係性を築いていくためのデザイン手法のこと。1970年代にオーストラリアの大学で生物学を教えていたビル・モリソンと、教え子デヴィット・ホルムグレンによって提唱された。

PAWAを立ち上げたフィル・キャッシュマンさんも、この考え方に感銘を受け、日本で広めるために活動している。

「ビル・モリソンは森の生態系を観察することで、いろんなものが支えあってつながっている、賄いあっていることに気付いたから、こういう農業ができるはずだと思った。それがパーマカルチャーのきっかけなんだよね」

PAWAをフィルさんに案内してもらうと、確かに様々なものが関係しあっていて驚いてしまう。

「ブドウの木が透明な屋根の下に伝っていて、

毎年100キロくらい実が獲れるんだ。ブドウは地中海の植物だから乾燥してないといけないんだけど、ここなら雨に打たれなくてすむでしょ。夏は葉っぱがたくさんつくから家の中が涼しくなるし、冬は葉が落ちるから日が差し込む。人間が住んでるから、実を食べる鳥が寄って来づらいよね」

ブドウひとつ取ってみても、「ブドウ・家・人」の関係性が幾重にも折り重なっている。他にも、この家のトイレで用を足すとコンポストで堆肥となり、堆肥化する際の発熱でパッションフルーツが冬を越す。同じく、その熱で風呂の湯も温めている。これはほんの一例で、すべての生き物や水、太陽熱などのエネルギー、様々な資源の関係性をデザインするのがパーマカルチャーなのだ。

「最初はまず何もせずに見ること。そうすれば、元々どんなものが生えているのか、どこに水が溜まるのか、いろんなことがわかってくる。太陽、風、温度のデータを知ることも大切。それに対して配慮してはじめて、『じゃあ実験的にやってみてもいいかもね』という感じになるんだ。こういうことを全部無視してきたのが、これまでの建築だったりするんだよね。方角関係なく大きい

（　学ぶ　）

PHIL CASHMAN

「自然を感じるなら裸足がいいよ」
とフィルさん。取材チーム一同、足
の裏からパーマカルチャーを体感
しながらの取材に

103

千葉県外房の豊かな自然の中にあるPAWA。自然の合理的なシステムをギュッと凝縮して学ぶことができる

窓をつくったりして、夏はめちゃくちゃ暑いから
エアコンの電気をすごく消費する。デザイナー
のエゴだし、環境にとっての犯罪だと思う」

自分にとってのニーズは何か

　フィルさんは2022年9月、鴨川にある国の登録
有形文化財に指定されている古民家を利用した
イベントスペース「鴨川 SupernaturalDeluxe」
を共同でオープンさせた。PAWA に生えてい
るハーブを、ここのバースペースで出すお酒に
添えたりもするそうだ。
　「このハーブは袋詰めしてファーマーズマー
ケットに出すこともできるけど、ちょっと手間が
かかりすぎる。無理してやると、時間やエネル
ギーが自分から漏れていっちゃうんだ。買った
ら1000円くらいするけど、イベントがある日に摘

んで持っていけばもちろんタダだし、『今朝摘
んできた』というストーリーができるからお客さ
んも喜ぶよね。僕はここでファームをやってい
て、イベントスペースも始めた。どちらもすごくや
りたいこと。その2つの間にこのハーブがうまく
フィットしてる。こうやって、最小限の努力で
トップバリューを生み出すようにデザインすると
いう風に考えていけば、植物がなくてもパーマ
カルチャーは実践できるよ」
　また、パーマカルチャーにとって重要なのは
「ニーズ」だという。パーマカルチャーを真っ先
に取り入れたのはベトナムや中近東の国々
だった。当時まだ貧しく化学肥料を購入する資
金を捻出するのも厳しい状況で、パーマカル
チャーは「ローコストアグリカルチャー」として
歓迎された。これが最もわかりやすいニーズだ。
　フィルさんはいくつものコミュニティガーデン

（　学ぶ　）

左上／卵が取り出しやすく、掃除も簡単にできて留守中に餌も与えられる──まさに「手抜き」できるように工夫された鶏小屋。　左下／様々な植物が適材適所で育つ。　右／飲み水は雨水タンクを活用。生活排水に含まれる養分でバショウが大きく育ち、バイオジオフィルターに育つショウブでさらに浄化され、生物多様性の池に流れ込む

お風呂のお湯もコンポストから排出される熱で温められるほか、トイレからの排泄物は堆肥として野菜の栄養に。無駄ゼロ、資源やエネルギーを使い切るデザイン

左／土地を平らに均すことはせず、そのままのかたちを保っているので池もできる。　右上／夏には日除となり、その実は美味しくいただけるブドウ。　右下／パーマカルチャーのデザイン方法や実践技術を学ぶ「パーマカルチャー道場」をはじめ、コンポストトイレづくりなど多様なワークショップが開かれている

をデザインしており、Edible KAYABAEN（P.092）もその一つだ。こういった依頼が来たときに、クライアントのニーズがわからない場合が一番困るという。

「『とりあえず一番いいファームをデザインしてください』って言われても、何もできないよね（笑）。何がしたいのか、何ができないのか、困っていることがあるのか、それがわからないとデザインできない。逆にそのプロジェクトの限界がわかれば、そこには答えの種がすでにあるんだよ」

では、フィルさんにとってのニーズは何なのだろう。

「僕のニーズは、野菜を最大限育てて家族を食べさせること、じゃないんだよね。僕の家族はラーメンとかも好きだから（笑）。だから、僕が無理しなくていいスタイル、手抜きができる

ファームをつくることがニーズ。もちろん人によって違うから、たくさんお金を稼ぎたいという人もいるだろうけど、僕はフットワーク軽くいつでもいろんなことを学べるようにしていきたいんだよね」

まずは、自分が何を望んでいるのかを知ることが重要だ。世間的にいくら「いいこと」とされていることでも、自分にはしっくりこないことはいくらでもある。「～すべき」という社会規範に囚われて、進めなくなってしまう。

「今はスマートフォンもあるし、知識は調べればすぐ出てくる。昔は全部知っている人がプロフェッショナルだったけど、覚える必要はなくなったよね。だからこそ、物事の根本や基礎が大事なんだと思う。それを知るためにはパーマカルチャーの考え方は役に立つよ」

上／太陽熱温水器やコンポストのある母屋とDIYによるキッチンスペース。　下／キッチンスペースにはピザ窯もつくられ、電気やガスは
必要最小限に、自然の力がうまく利用されている

コンパニオンプランツの基本

───

Tokyo Urban Farming 久我 愛（ガーデナー）

コンパニオンプランツとは、お互いに助け合いながら育つ植物の組み合わせで、共存（共栄）作物とも呼ばれます。野菜と一緒にハーブや花などを混植することで、香りの成分が虫よけとなったり、根粒菌を駆使して土に栄養をとどまらせたりする効果が期待できます。ただ、悪影響となる組み合わせもあるので要注意。料理として相性の良いものもあるので、レシピを考えながら自分だけの組み合わせも楽しめます。限られたスペースで始めることが多いアーバンファーミング。でも限られているからこそ創造性によって可能性も広がるはず。その成功の秘訣は"多様性"。人と同じように、影響を与え合いながら育つ、コンパニオンプランツの奥深い世界へようこそ。

SPRING／SUMMER

(ミニトマト) (バジル) (シソ)
(ナスタチウム)

プランター栽培もしやすいミニトマト。一緒に植えるオススメはバジル。ミニトマトの日影がちょうどよく、強い香りで虫よけに。シソも香りの相乗効果で虫がつきにくい。ナスタチウムのお花はサラダの彩りに。

(バジル) (ピーマン)
(つるなしインゲン) (パセリ)

ピーマンの苗が小さいうちに、つるなしインゲンを植えて生育を助ける。ピーマンが大きくなる頃にはインゲンの収穫を終えるので、太陽の取り合いもなし。バジルやパセリのおかげで、ピーマンの害虫被害が少なくなる。

(エダマメ) (ナス) (ニラ)
(シソ)

ニラとナスを同じ植え穴に一緒に植えると、病気を防いで
くれる。シソの虫よけ効果も期待大。シソは葉やお花、実
まで長く楽しめる。エダマメやシソなどは、ナスからなるべ
く離して植えるとナスの根がしっかり張れて◎

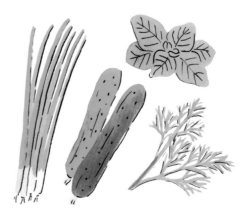

(葉ネギ) (キュウリ) (オレガノ)
(ディル)

ディルと葉ネギはキュウリの害虫を防いだり、その天敵を
呼び寄せる効果がある。オレガノはキュウリの味を良くす
ると言われる。収穫した野菜やハーブでさっぱりとした夏
の前菜レシピが楽しめそう。

(サヤエンドウ) (ローズマリー)
(コモンセージ)

ローズマリーとコモンセージはそれぞれの相性も良く、ヨ
トウガやモンシロチョウなどの幼虫を遠ざける。ただ、どち
らもキュウリと一緒に植えると根腐れなどの問題が起きや
すく、相性があまりよくないので注意。

(ラディッシュ) (バジル) (タイム)
(ジャーマンカモミール)

タイム・バジルは香りのあるハーブで、キャベツやラディッ
シュなどアブラナ科の虫よけ効果が。ジャーマンカモミー
ルは「植物のお医者さん」とも言われている。たくさん収
穫できたハーブはドライにして保存も。

AUTUMN／WINTER

(ミズナ) (シュンギク)
(チンゲン菜)

シュンギクは病虫害が少なく、防
虫効果が期待できるものが多いの
で、虫のつきやすいアブラナ科の
野菜と相性がバッチリ。冬の鍋料
理などに外側の葉から少しずつ
収穫して使うのにとっても便利。

(ミニキャロット) (ルッコラ)
(コリアンダー)

ルッコラは比較的虫がつきにくい秋まきがオススメ。コリ
アンダーとミニキャロットはセリ科で強い香りが特徴で防
虫効果が。比較的どの野菜や花とも相性が良いのでオス
スメのコンパニオンプランツ。

(カブ) (シュンギク) (リーフレタス)

リーフレタスは苗で用意しておいて、他は種まきから栽培
すると収穫しやすい。カブはアブラナ科、リーフレタスと
シュンギクはキク科で、それぞれの害虫を忌避させる効果
が期待できる。

芽キャベツ　オレガノ
リーフレタス

オレガノは芽キャベツの害虫を遠ざける効果が期待できる。冬の寒さで元気をなくしても、短く刈っておけば春にはまた元気に。レタスとオレガノは芽キャベツの足元で育つので、スペースを取り合わない。

イチゴ　ローズマリー
コモンセージ

ローズマリーとコモンセージはイチゴと相性が良く品質を向上させる。また、アブやハチなど受粉に有益な昆虫を呼び、蛾や毛虫などの害虫は忌避させる効果が。どちらも香りの強いハーブなのでドライにしても使いやすい。

葉ネギ　スティックブロッコリー
タイム

タイムと葉ネギが、スティックブロッコリーにつきやすい青虫などの対策に効果がある。スティックブロッコリーは次々と収穫できるので、プランター栽培にオススメ。それぞれ場所を分け合って育つ。

ミニキャロット　ホウレンソウ
葉ネギ

ミニキャロットが根を張ることで土が柔らかくなり、ホウレンソウの生育が良くなることが期待できる。葉ネギは害虫を防いでくれたり、病気を抑えてくれる。また、ホウレンソウの食味も良くなる。

野菜茶室

UoCで設営したプロトタイプ。内部に明かりを入れることで照明のように光る。様々な種類、色の廃棄野菜が和紙に漉き込まれており、鼻を近づけるとかすかに香りも感じる

TODO（川原隆邦＋柴草朋美）

　市場では、規定のサイズに合わなかったり傷がついたりした「規格外野菜」がどうしても出てしまいます。一部は動物たちのエサとして活用されますが、その多くは廃棄されています。このような廃棄野菜を使って制作したのが「野菜茶室」です。地元の市場からいただいた廃棄野菜の色や繊維、香りをそのままに、和紙に漉き込んでいます。土に還る和紙、廃棄される野菜の新たな形、資源の「循環」。それら見えない部分を可視化したものが、野菜茶室なのです。ポップアップ型の"市中の山居"として自然を感じ、アーバンファーミングを考えるきっかけになったらと思っています。都市の再生型ライフスタイルに少しでも多くの人が興味をもって、アーバンファーミングが生活の一部になっていく、そんな未来を想像しています。

TODO／蛭谷和紙の唯一の継承者・川原隆邦と、スペースコミュニケーションディレクターの柴草朋美によるアートユニット。「未来への第一現象を生み出す」をコンセプトに、日常へ新たな価値観や豊かさを創造し、活動している。

明石 修（武蔵野大学サステナビリティ学科 准教授）／明石修研究室

アーバンファーミングが耕す ウェルビーイング

アーバンファーミングは都市社会において、いわゆる農作物の生産だけではなく、人々の健康や福祉、幸福という観点から、より大きな意味を持っているのではないだろうか。本稿では、アーバンファーミングが人々のウェルビーイングにおよぼす影響について考えてみたい。

ウェルビーイングとは、肉体的、精神的、社会的に良好な状態をあらわす概念である。これまでの研究により、アーバンファーミングは、自然や人との触れ合いを通じて、社会面、健康面での下記の効果があることが明らかになっている。

社会面での効果としては、地域コミュニティの発展や人々のつながりなどの構築、ハンディキャップを持つ人への社会活動の場の提供などが挙げられる。健康面の効果では、食へのアクセス改善と保障、食と健康のリテラシー向上、疲労の回復、メンタルヘルスの改善、精神的健康と身体の健康の改善などが見られる。

また、より主観的な幸福度にも良い影響を及ぼしていると考えられる。人々が主観的に幸福と感じるときには、下記のPERMAで表わされる状態、あるいは幸せの4つの因子が満たされていることがわかっている。

PERMAとは、Positive Emotion（嬉しい、面白い、楽しい、感動など）、Engagement（時間を忘れて何かに積極的に関わる）、Rela-tionship（援助を受ける、与える）、Meaning and Purpose（自分は何のために生きているのか）、Achievement / Accomplish（何かを達成する）こと。

幸せの4つの因子とは、「やってみよう!」因子（自己実現と成長の因子）、「ありがとう!」因子（つながりと感謝の因子）、「なんとかなる!」因子（前向きと楽観の因子）、「あなたらしく!」因子（独立とマイペースの因子）である。

例えば、アーバンファーミングを習慣化している人を対象としたインタビュー調査では、「笑うことが多くなった」「学びに興味を持つことが増えた」という声が聞かれている。このような変化は、筆者が行ってきたコミュニティ菜園でも観察されている。ここで、筆者の関わる2つの事例について紹介したい。

タワーマンションと 大学キャンパスの屋上菜園

1つ目は、都心のタワーマンションの共有地につくったコミュニティ菜園の事例である。

このマンションでは、住民同士の関係性が希薄であるという課題があった。そこで自治会のかたと協力して人々のつながりを生み出すことを目的として菜園をつくった。興味のある人が

（　学ぶ　）

あかし・おさむ／パーマカルチャーの考え方を用いて、人と人、人と自然のつながりをリデザインする研究や実践を行う。大学屋上にコミュニティガーデンをつくり、学生たちとともに自然循環型の菜園や養蜂など、都市においてリジェネラティブなコミュニティづくりを進めている。

だれでも参加できるようなしくみとし、ワークショップやイベントなどを行い、参加を募った。回を追うごとにゆるやかなコミュニティが形成され、いまではコミュニティを中心に日常のお手入れを含め自主的に運営がされている。参加者からは、「顔見知りが増え、マンション内で会うと挨拶をするようになった」「はじめての野菜作りを楽しんでいる」「自分で育てたものを収穫し食べることがとても楽しい」などの声が聞かれる。Positive Emotion、Engagement、Relationship、Achievement、「やってみよう！」因子、「ありがとう！」因子などが満たされていることがわかる。

　2つ目は、武蔵野大学キャンパス屋上のコミュニティガーデンの事例である。毎週、学生、教職員のだれでも参加できるオープンワークを行い、様々な学部や学年の学生や教職員が活動を楽しんでいる。そこで初めて出会う人も多く、遊んだり、自然と触れ合う活動を通じて、参加者同士がつながり、緩やかでオープンなコミュニティを形成している。参加者に対して行ったヒアリング調査からは、「今まで関わっていなかった人とも話すようになった」「屋上菜園を通じて大学に来ることが楽しみになった」「屋上で知り合った人と新たな活動を行うようになった」「菜園で土を触ることで無心になって自分らしくいることができる」「忙しさを忘れさせてくれる」などの声が聞かれる。Positive Emotion、Engagement、Relationship、Meaning and Purpose、「やってみよう！」因子、「ありがとう！」因子、「あなたらしく！」因子などが高まっていることがわかる。

　このようにアーバンファーミングは、肉体的、精神的、社会的に人々のウェルビーイングによい影響を与えていることがわかる。人々のつながりが希薄化し、また、パンデミックや紛争などで不確実性や不安定性が増す都市社会において、アーバンファーミングは人々にリアルな幸せをもたらす活動といえるのではないだろうか。

すべての食事が、私たちを
根っこから地球の生命につなぎます。
食べ物が自然の力と可能性に、
畏怖すべき圧倒的な贈りものに
私たちをつないでくれるのです。

──アリス・ウォータース『スローフード宣言』

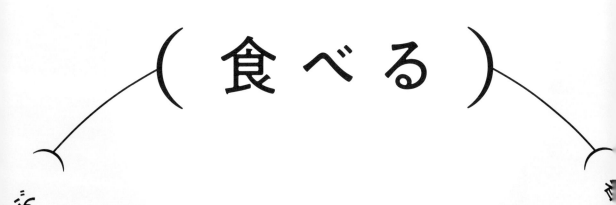

（食べる）

「Farm to Table」やコンポストを使って育てた野菜を食べ、
食のほんとうの美味しさや自然の循環を知る体験が、
気候危機にも効果の大きい菜食中心生活へのシフトや地産地消、
フードロス解消にもつながっていく。
アーバンファーミングは食を通じて「おいしい革命」を起こすための
誰にも開かれた方法なのだ。

AGRIKO FARM

人気カフェの屋上空間に仕掛けたオリジナルの菜園システム

（　食べる　）

右に見えるのが、オリジナルの発想でつくり上げた水耕栽培のシステム。竹や廃材を利用して全方向から矛盾のない循環型の栽培を実現

すべてが循環する菜園を
目指して

　東京・桜新町の人々の暮らしと日常に寄り添いながら、京都に根付くおもてなしの心を大切に、珈琲の味わいの先にある体験価値とコミュニティを創造している「OGAWA COFFEE LABORATORY」。収穫状況によるものの、ここで振る舞われる季節の野菜や魚の一部が、実はこの建物の屋上で栽培されている。そして、屋上で展開する菜園「AGRIKO FARM」の運営責任者は映画やTVドラマなどで活躍を続ける、小林涼子さん。まずは屋上の様子を案内してもらった。

　美しく整えられた屋上敷地には見慣れない大きな水槽がいくつも。中には熱帯で暮らすティラピアが気持ちよさそうに泳いでいる。水槽の上には水菜やバジル、イタリアンパセリなどが健やかに育つ。

　「これはアクアポニックスというシステムで、魚やバクテリア、そして野菜がそれぞれ元気に過ごせる環境になっています。魚たちの糞や残った餌が混じった水は上部に吸い上げられ、野菜にとっては豊かな養分となります。そして野菜が栄養を吸収することで水は浄化され、また水槽に戻っていく。この、水と栄養が循環する仕組みはまるで、地球のようですよね」

　どこかで菜園を運営したいと考えていたタイミングで、この敷地を借りられるという縁に恵まれたと話す、小林さん。思案したあげく行き当たったのが、海外の友人たちから教えてもらったアクアポニックスを構築するというアイデアだった。当初は家で実験を重ね、その後は専門のアカデミーで知識と技術を会得。俳優業を完璧にこなしながらの菜園構築は決して楽ではなかったが、ありったけの情熱を注ぎ、知見を重ね、オリジナルの装置をつくり上げてしまった。

　「本来、プランター部分はプラスティック製なんですが、プラを使って生産するのはどうなんだろうと思いましたし、美しさに欠ける。それで出会ったのが竹だったんです。放棄された竹林の対応に困っている方がたくさんいる。じゃあ、私が伐採に行って竹を購入してきてここで利用すれば、竹やぶはきれいになるし、田舎の竹を都会で消費することにもなるでしょう。土台部分は規格外の建築木材を近所の材木屋さんから購入させていただいて利用しています。表層をすくったようなSDGsではなく、やっぱりきちっと取り組みたい。そう考えて前に進んでいったら、こうしてオリジナルのアクアポニックスシステムができあがったんです」

　手掛ける野菜は、下階のカフェにいるシェフと相談して決める。メニューに合わせて必要なものを屋上で栽培するという、言わば「Table to Farm」が成立しているのも面白い。このようなサイクルを実現した背景には、小林さんのこんな思いがあった。

　「野菜も魚も。育てたものを仲間うちで消費するだけでは新規就農とは言えない」

「水耕と養殖をセットにすると効率は
悪い」と言いながら、いくつものハード
ルを楽しげに乗り越えてきた小林さん

121

　消費先をきちんと確保した上で作物をつくるということはイコール、無駄がないということでもある。話を聞けば聞くほど、妥協のないスタンスが明確になっていく。

「作物や魚のケアをするのは私だけでなく、障がい者の方々、そして、この地域に住む子育て世代のお母さんたち。皆、楽しみながら頑張ってくれていて。生産と消費、雇用を全部くっつけるというシステムなんです。ここまでくるのに苦労は絶えませんでしたが、このモデルを利用していずれは他のビルの屋上にも展開していきたいなと考えているところです」

下階のシェフと相談し、メニューに必要な野菜を確認してから栽培に入る「Table to Farm」のスタイル。「市場で野菜を販売すると、手数と比べて単価が安くなってしまう。なので、料理で使用することが決まっている野菜の栽培は、価格面でも循環の側面でも理にかなっている」と小林さん。当然ながら、販路の確保を重視しなければ持続的な就農は実現しない

　　　　（　食べる　）

価値観を激変させた
新潟での農業体験

　それにしても、都会で暮らす俳優の小林さんがなぜここまで屋上菜園や会社運営にのめりこんでいったのか。情熱の原点について尋ねると、こんな答えが返ってきた。

　「単純に、美味しいものをずっと食べ続けていたいから」

　幼い頃から食育に熱心な両親に育てられ、豊かでヘルシーな食の体験が身体に染み付いてた。そして4歳のときに子役として芸能界にデビュー。20代を超えるまで俳優業に没頭していたが、あるとき、疲労が重なり心身の不調を覚える。そこでリフレッシュにと両親が薦めてくれたのは、新潟での農業体験だった。

　「田植えや苗箱洗い、収穫など、お米づくりに関わることで新たな感覚を得たんです。お米だけじゃなく、タケノコや山菜など、目の前で採れ

農福連携を重視し、地元付近に在住の障がい者や子育て中の主婦などが働く場としても機能。皆で知恵を出し合いながら新しい農のあり方を追求している。小林さんは、作り手、買い手が双方、豊かになれる仕組みづくりをさらに追求すると話す

る作物を振る舞っていただいてとっても美味しいし、元気も取り戻せた。冬に行けばシャケを捕る漁業組合のおじさんに混ぜてもらったり、極上のいくらご飯を食べさせてもらったり。休みさえあれば家族とともに新潟へ通うようになったんです」

　ところが近年、高齢化が進む現地の農家、漁師の現状を認識。また、家族の体調不良によって、こうした田舎での農業が続けられなくなるかもしれないという現実に直面した。

肥料の価格が高騰するなか、このファームではその影響を受けない。これは魚の排泄物や残った餌だけでヘルシーに育ったバジル

「あ、このままだと美味しいお米やいくらが食べられなくなると。豊かな食の恵みは生産者の努力の上で成り立っているとあらためて気付いて、私も何かしなければならないと思うようになったんです。なにより、これからも美味しいものを食べていきたい。一方で、美味しいものをつくることは、大変すぎて今のままでは持続不可能だという思い。そこでバリアフリーな農業のカタチを考えるようになって、起業し、現在のようなスタイルとなっていったんです」

今では俳優業と社長業でてんてこまいと楽し

そうに笑う小林さん。作物をつくるという行為によって自身にどんな変化が訪れたのか。

「芸能の世界、都会での暮らしにずっと浸かり続けて、とても偏った価値観にとらわれていたんだなと気づきました。田舎で地域の方々と一緒に土をいじったり、ここでスタッフたちと野菜や魚の世話をして、農業に携わっていると、心の底から開放されるし、深呼吸も楽しい。私の価値観、ライフスタイルが劇的に変わりましたし、一人の人間として『生きている』という実感を日々、味わっています」

AGRIKO FARM

POINT

- オリジナルの発想で、養殖×水耕栽培のシステムを構築
- 農福連携によって地元住民にも栽培の喜びが伝播
- カフェとの連携による「Table to Farm」のスタイル

FEATURES

AQUAPONICS

国内初となるアクアポニックス栽培の屋外型施設。栄養満点の水を野菜が吸収し、浄化された水がまた水槽へ。通常の水耕栽培と比較しても80%の水が節約できる画期的な仕組み。

POUCH

苗のポットには植物の生育に優しいリサイクル素材を利用。ここに描かれた味のある文字は、3カ月前まで文字を書けなかった障がい者の方の手によるもの。このポットは好評発売中。

CAFE

京都の老舗コーヒーロースター「小川珈琲」が手掛ける、「OGAWA COFFEE LABORATORY 桜新町」。朝、収穫されたばかりの野菜を都会の真ん中で体感できるとあって大人気。

DATA

AGRIKO FARM

場所	東京都世田谷区新町3-23-8 屋上
設立	2022年4月
広さ	103㎡
運営	株式会社AGRIKO
予算	企業予算

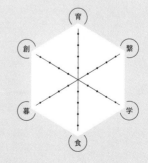

ELAB

30キロ圏内で循環するオーガニックな社会を目指して

（　食べる　）

Ome Farmなど都内近郊で採れるオーガニック野菜や量り売りが充実する店頭

ブルックリンでの原体験を
形にするラボラトリー

卸問屋が軒を連ね、職人たちによる手仕事が今なお根づく町、蔵前。1350年の歴史を持つといわれる鳥越神社からほど近くに、その施設はある。「ELAB」と書いて、「えらぼ」。循環のアイデアや体験の提供を通して、持続可能な未来を「選ぶ」ための、サーキュラーエコノミー・ラボラトリーだ。

下町の建物らしく、狭いながらも奥行きのある施設は、3つのパートから成る。入口付近は、野菜やスイーツのほか、量り売り食材の販売コーナー。そして、生ゴミを堆肥化するミミズコンポストを備えた、オープンキッチン＆カウンター。さらに廊下を進んだ先には、サステナブルな雑貨の物販スペースと、金継ぎや廃材アートをはじめとするワークショップの拠点となるラボスペースが機能的につながっている。

2021年10月にELABを立ち上げ、「日々の暮らしに循環をとりいれてほしい」という思いで運営を続けるのが、株式会社fogの代表取締役・大山貴子さんだ。昨今、サステナビリティの種があちこちで芽吹きはじめている東京。そんななかでも、サーキュラーエコノミーの実践拠点という、まだまだ物珍しい施設を立ち上げた背景には、米ボストンの大学卒業後、ニューヨーク・ブルックリン在住時代の出来事が原体験になっているという。

当時、新鮮なオーガニック野菜を買いたいと考えた大山さんは、近所の「Park Slope Food Coop」という生協に入会。生協会員は、1カ月に1回2〜3時間ほどレジや掃除などの業務に従事。その代わり、野菜を安く買えるというシステムで、月1回のミーティングで会員らが仕入れ品を決定したり、気候変動マーチに参加したり、市民参加型のソーシャルムーブメントの姿がそこではごく自然な形で根づいていたそうだ。

「ブルックリンは、made in Brooklynということをとても大切にしている地域で、買い物におけるローカルやサステナブルの仕組みが当たり前のようにあったんですよね。すべての野菜の札に『Locally grown』と、ここから何マイルかという表示があったり。そんな日常を過ごしていたので、帰国して日本で買い物するとき、違和感を感じたんです。野菜ばかりでなく、牛肉にしても、グラスフェッドなのかホモナイズドなのかもわからない。トレーサブルな食材がほとんどないことに、暮らしにくさを感じたんです」

そして、当時興味を持ったサーキュラーエコノミーという概念を組み合わせながら、ブルックリンで体験したようなコミュニティづくり、社会づくりを目指すべく会社を設立。各地の自治体や企業と協業して循環型社会を目指すプロジェクトに精力的に取り組む傍ら、自らの実践の場として始めたのが、ELABだった。

株式会社fogの代表・大山貴子さん（左）を筆頭に、軽やかでクリエイティビティにあふれたチームがELABの運営を支えている

上／キッチンの横にはミミズコンポストを設置。生ゴミの一部はここで堆肥化。 左下／不要な子供服を集めた TAKE FREEコーナーを店頭に設置。1才児の母でもある大山さん自身、このコーナーを大活用。 右下／店頭には、野菜や量り売り各種のほか、旬食材のプラントベーススイーツも充実

（ 食べる ）

右上／リビングラボでは、循環を切り口と
したワークショップを多数開催。ELABの
課題などについて、参加者とともにアイデ
アを決定・実装させるためのカフェタイム
「Circular Cafe」などの取り組みも随時
開催。　下／こだわりの商品を揃えるリ
ビングラボ。食器、エプロン、竹かごほか、
日用品各種ももちろん循環がキーワード

援農のレベルを超えた
生産者との豊かな関係

そんな経緯で始めたELABでは、30キロ圏内を目安にした仕入れを心がけている。レストランで使う野菜、店頭で販売する野菜。種類によっては30キロ圏内に収まらないものもあるが、いずれにしても東京近郊の農家が育てたものが大半だ。農作物を仕入れる際、ものさしとして大事にしていることは、「栽培方法が土壌を豊かにしているかどうか」だと話す大山さんは、自ら現地へ赴き、農家と対話をすることを大切にしているという。なかでも、絶大な信頼を寄せる農園のひとつが、東京・青梅市にある「Ome Farm」である。

都心から車で約1時間。Ome Farmは、先鋭的なオーガニックファームだ。代表の太田太さんは、元々アパレル業界出身。19歳から6年間、ニューヨークに在住。帰国後はファッション業界で働いた後、東京・天王洲地区で倉庫やレストランを運営する寺田倉庫株式会社のプロジェクトで、Ome Farmの前身であるTY Farmの立ち上げに尽力。その後、独立して6年。約4.4ヘクタールの畑で有機栽培された多種多様な野菜は、味わい深いと評判で、都心のレストランを中心に引く手あまたの状態が続いている。

在米経験のある太田さん自身も、大山さんと同様、最先端のオーガニックカルチャーを現地で体感したひとり。東京が、ニューヨークのように新鮮なオーガニック野菜が食べられる都市になればと願うのと同時に、東京ならではの可能

左上／Ome Farmの野菜は味が濃い。有名店のシェフたちからも引く手あまただ。　左下／Ome Farm代表の太田さん。　右上／雑草を適度に残し、植物の多様性のある畑づくりをしている

性も感じているという。それが、在来種である江戸東京野菜だ。Ome Farmでは、ケールやルッコラなど人気の西洋野菜のほか、伝統小松菜、のらぼう菜などの江戸東京野菜を積極的に栽培している。

とある月曜日。毎週援農に行くというELABのスタッフと共にOme Farmの畑にお邪魔すると、畝の一角に、ちりめん白菜という江戸東京野菜がずらり。採った葉をそのままかじると、フ

レッシュな甘みに目を見開いた。

「僕自身、これが大好物で。品種改良されてない
いから結球しないけど、生で食べても炒めても甘
くてめちゃくちゃ美味しい。しかも、オールシーズ
ン育つ。江戸東京野菜は、東京の風土で受け継
がれてきたものだから、土地に合うに決まってる。
先人が示してくれた智恵を、東京の農業者とし
て継ぐべきだと思っているんです」

　ELABの人気ランチメニューのひとつが、お

彩り豊かなお野菜丼は、一口ごとに優しく
複雑な味わいを楽しめる人気メニュー。味
噌、醤油、ハリッサソースなど調味料もそ
のほとんどが自家製だ

オープンキッチンなので調理中の様子を見るのも楽しい。混雑時以外なら、生産現場を熟知するシェフに、野菜の話を聞くのも一興だ

野菜丼だ。野菜に合うお米をブレンドし、もっちりと炊いたごはんの上に、黒田五寸人参のキャロットラペ、伝統小松菜のスパイシー炒め、亀戸大根のぬか漬けなどなど。Ome Farmのほか、板橋区蓮根にある有機栽培農園「THE HASUNE FARM」で採れたものを中心に、全20種類ほどの野菜を使った惣菜がたっぷり。彩り豊かに盛りつけられた一皿は、舌にも目にも愉しい。

ELABチームは積極的に生産者を訪れながら自分たちは何を選び、提供するかを常日頃試行している。

2023年5月からは、フードデリがスタートした。地域の人たちとともに美味しくて心地よい循環を生み出しているELABの活動は、今度もますます広がっていきそうだ。

ELAB

POINT

- 都市に循環をもたらすサーキュラーエコノミー・ラボラトリー
- 30キロ圏内&循環を心がけて生産者とつながる
- 店舗メンバーが生産に関わりながら伝えるストーリー

FEATURES

COMPOST

レストランで出た生ゴミの一部は、ミミズコンポストで堆肥化。都市では落ち葉集めが簡単ではないが、客が持ち寄ってくれた落ち葉も活用。完成した堆肥は、屋上のプランターで使用する。

LABORATORY

循環型社会を生み出すためのラボ。本漆を使った金継ぎ教室や、服をアップグレードさせるお直し会など、今あるものを長く大切に使う・新たに価値を吹き込むためのワークショップを開催。

OME FARM

Ome Farmのオーガニック野菜は、ランチで味わえるだけでなく、店頭でも販売されている。種類は季節や日によって異なるが、この日は春菊やルッコラのほか、伝統野菜のみやま小かぶも。

DATA

ELAB

場所	東京都台東区鳥越2-2-7
設立	2022年5月
広さ	約80㎡
運営	株式会社fog
予算	企業予算(一部クラファンを活用)

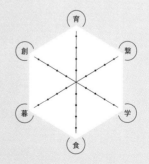

「自分が育てた野菜をどう美味しく食べるか」

野村友里

eatrip soil主宰

「ただそこにいる」ことが許される菜園

　原宿駅から歩いて5分ほど、表参道に位置するファッション複合ビル「GYRE」。ハイブランドのショップを横目に見ながら4階まで上っていくと、一転して土でできた壁と床に緑が生い茂る、ナチュラルで開かれた「GYRE.FOOD」が現れる。

　このフロアのコンセプトをデザインしたのは野村友里さん。同じく表参道で「restaurant eatrip」を営みながら、執筆やラジオ出演、映画「eatrip」の監督、食をテーマにしたライブパフォーマンス「食の鼓動ー inner eatrip」の企画・演出など手掛け、「食べること」から深く生活を振り返るような視点を提示している。

　「商業施設に関わるのは初めてのことで難しいかなと思っていたんですが、相談に乗っているうちに抜けられなくなってしまって（笑）。表参道は東京の中心なので、日本文化の玄関的な場所だと思うんですね。restaurant eatripにもいろんな国の人たちが訪れてくれますし。この立地を活かして、『土』というコンセプトを発信していくことになりました」

　土という漢字は＋（プラス）と－（マイナス）から成る。つまり、「プラスマイナスゼロ」。何もない、すべてのスタート地点としての土なのだ。

　「このビルにはいくつも高級なブランドが入っていますけど、一番高額なのは『土地』ですよね。そういう、ちょっとした皮肉も込めてます。このフロアの店舗は壁で区切られていませんが、それも土を区切らずに共有するという意味があります」

　こういった理念は、彼女が農業や林業に関わり土とともに生きている先達や友人の建築家・田根剛さんらとの話から導き出されたものだ。その根本には土に触れる経験があり、言葉だけで説明するとそこから段々と離れてしまう。実は、GYRE.FOODで野村さんが運営するグローサリーショップ「eatrip soil」のベランダに小さな屋上菜園があり、空の下で直に土を感じることでコンセプトを体感することができる。

　「ここに来てもらえば土や空、風とつながっていることを感覚的にわかってもらえると思うんです。単純に品物を買うだけなら、ウェブでいくらでもできますけど、ここで匂いや手触りを感じて、ものが持つストーリーを知ってもらいたい。それがセットになっていないと、ここでものを売ることはやりたくないと思っていました」

（　食べる　）

レストランやグローサリーショップを
中心に、「人生は食べる旅＝eatrip」
を掲げて活動を続ける野村友里さん

eatirip soilのみならず、GYRE.FOODはフロア全体が土や緑のモチーフで構成されている

　2020年1月のオープン当初から誰でも入れるスペースとして開放していたが、まもなくしてコロナ禍になってしまう。しかし、どこにも行けない閉塞的な状況で、この屋上菜園は憩いの場所としてさらに人々を惹きつけるようになったそうだ。

　「妊婦さんが一人でやってきて、しばらく畑を眺めて『助かりました』と涙ぐみながら帰って行ったり、毎日幼稚園終わりに虫取り網を持って遊びに来る子供もいました。1時間の道のりをわざわざ歩いてきてくれる80代くらいのご夫婦や、本当にいろいろな人が来ては草むしりや水やりをしてくれてます」

　当然のことだが、都市に存在するほぼすべての施設には「目的」がある。レストランなら食事、アパレルのショップなら買い物、それぞれの目的が終わったならそこを去らなければならない。しかし、eatrip soilの屋上菜園はなんの目的も持たずに「ただそこにいる」が許される居場所なのだ。

　「人間が不安になる要素は、例えばお金がない、家がない、明日死ぬかもしれないみたいなことだと思うんです。その気持ちをどうにか埋め合わせようと思って、狭い心になってしまったり、他人を羨ましく思ったり。そういうときに、自分よりも圧倒的に大きなものを感じることで平静な心を取り戻すことができると思うんです。そういう意味で、都会であればあるほどこうやって自

表参道から渋谷を見渡すことができる。いかにも都会的な風景だが、時間や季節によって変化する光と植物の葉や実を通して見ることで
また違った一面が立ち上がってくる。屋上菜園を育むことは、都市の再発見にもつながっていくのだ

然を感じられる場所は必要になるんですよね。私の父は軽井沢で畑をやっているんですが、いろんな人が手伝いに来ているんです。農業の大先輩である高齢者の方の話を、バンドマンが熱心に聞いていたり。東京だったら絶対会わないような人たちがフラットにコミュニケーションできる。それも畑のすごいところです」

歓声が上がる豊かな料理

「東日本大震災での経験が私にとってすごく大きいんです。東京に生まれて料理の仕事をしているのに、何も手に入らなくなってしまった。流通がストップしてしまったときに、私はとても

生きる力が弱いなと感じたんです。農家や生産者の方々とのつながりが一層大切に思えてきて、いろんな人に会いにいくようになりました。『美味しい食材ってなんだろう』と考えたときに、土づくりや種のことが重要だと気づいて、料理人としてのテクニックよりも、そちらを掘り下げるのに忙しくなっちゃって。本当に美味しい食材なら、料理人はあまり手を加える必要はないんですよね」

eatrip soilには、野村さんが厳選した食材が並んでいる。どれも見るからに美味しそうなものばかりだが、一般的なスーパーで手に入るものに比べると若干高価に感じてしまう。経済的な格差が拡大し、「1円でも安く食べ物をいっぱ

色鮮やかなエプロンは、コールドプレスジュース専門店から出た野菜や果物の絞りかすを使って染めたオリジナル。ブルーはブドウ、ピンクはビーツ、オレンジはジンジャーから

い買いたい」と願う人々も増えている。食における「理想と現実」ともいえる両者の溝を、野村さんはどう考えているのだろう。
「本当に難しい問題だと思います。高い食材＝美味しいとは限らないですけど、手間ひまかけてつくるとなると経費がかかってしまいますし、それを買えるのはある程度余裕がある人ですよね。そういった農家さんを買い続けることで応援して、輪を広げていくことで価格を下げてみんなの手に入りやすくしていく。そういうシステムをつくっていく必要がありますね」
　野村さんがサンフランシスコにあるオーガニックレストランのパイオニア「シェ・パニース」で修行していたときのこと。ホームレスの支援をして

いた同僚が、店に彼らを招待してランチを振る舞った。その光景が忘れられないという。
「みんなナイフとフォークを打ち鳴らしながら『わー!』と歓声をあげて喜んでるんですよ。『こんなに美味しいものは初めて食べた!』って。今までは生活のための食事しかしてこなかったけれど、より豊かに生きるための食事だと感じてくれたんだと思います。そこから彼らの働き方も変わったそうです。もちろん、食事ですべてが解決できるとは思いませんが、美味しいものを食べるということは生きることの根本ですから」
　ジャンクフードばかりの生活では、胃は満たされても心はどこか寂しい。美味しいものを適量食べることで、健全な身体と前向きな気持ち

（　食べる　）

陶器を中心に、野村さんが厳選した食器類も購入できる。各地から取り寄せられた有機野菜や調味料、ワインや日本酒などのお酒が並ぶ。眺めるだけでワクワクする品揃え

が生まれ、自分も他人も思いやる余裕ができる。その上で、たまにジャンクフードに浮気する選択肢も持てればなお楽しい。

「せっかく食べるなら、なるべく生き生きしているものがいいですよね。本当に美味しい野菜を食べたときは、胸がいっぱいになって、ちょっとの量でも満足しちゃうんです。スーパーでなんでも買い揃えることもできますけど、自分が育てたジャガイモや玉ネギ、それだけでどうやって美味しく食べようか。それを想像することが、料理の本質なのかもしれません」

乾燥野菜のつくり方

谷山恭子（アーティスト）

料理に合わせた切り方で乾燥させるのもよし。茄子の煮浸しには厚切りセミドライがおすすめ

　私が乾燥野菜の面白さと良さを知ったのは、コロナ・パンデミックが始まった頃でした。人との接触を避けるため、スーパーマーケットには週に一度だけ買い出しに行くことにして、大量に買う野菜を腐らせないために始めました。そうしたら、乾燥していく野菜の美しさに魅せられ、さらに味も濃く煮込んでも色が鮮やかなまま。すでにカットしてあるし、水分が吸収されればもう出来上がりで料理の手間と時間が省け、栄養価も高まると知りました。乾燥したものからシャーレに移し、そのシャーレからどんどん使っていきます。色とりどりの野菜が入ったシャーレが台所にある様子も綺麗で毎日の料理が簡単に、そして楽しくなります。

1. 野菜をカットして並べます。乾燥野菜用のネットはデザインがあまり好きでなかったので、キッチンペーパーを使いました。竹すのこや竹ざるもよいと思います。

2. 1日から1日半ほどでシャーレへ移しかえます。太陽に当てると、より美味しく乾きます。かなり縮むのでたくさんの野菜を保管できます。

3. そのまま鍋へ投入。乾燥野菜が水分を吸えばもう食べられます。フライパンに引いたオイルに投入してもOK。その場合は少し水分を足してください。

4. ドイツ料理「クヌーデル」のキノコのクリームソースに乾燥野菜を使いました。

たにやま・きょうこ／場所特有の文化、歴史、風景からインスピレーションを得て、サイトスペシフィックなインスタレーションで、生命や身の回りの環境をたたえる作品をつくっている。日本生まれ。2018年からベルリン在住。www.kyocotaniyama.com

Micro Farm ── オフィス空間につくるマイクロサイズの畑 ──

Tokyo Urban Farming (UoC)
木下敦雄

（　食べる　）

「食べられる森」をオフィスでもつくれるだろうか。そんな問いから始まった「Micro Farm」は、太陽光の届かないオフィス空間での野菜やハーブ栽培を通じて都市や環境の再生の起点となり、人々のHubになることを目指すマイクロサイズの畑だ。植物の生育にとって重要な要素である温度・湿度・光・土・風の5つの要素の中で、室内空間では調整の難しい温度と湿度を除く光・土・風に焦点を当て、3つのエリアに分けて環境や品種を調整しながら、レモンバームやタイム、ミント、ローズマリー、カブ、ホウレンソウ等の栽培を実験している。

光は、室内栽培のために開発されているLEDライトを使用。3つのエリアで照射距離と光量の最適バランスを探った。土は、実験エリアの近くにキッチンがあるため虫の発生を抑えるべく、園芸用土メーカーである株式会社プロトリーフの協力によって3種類の土を試用した結果、栄養素を多く含む園芸培養土に統一している。風は、カビと虫の発生抑制には欠かせない要素ながらオフィスに最も無縁なものであるため、現在は市販の小型扇風機を導入して対応。今後に向けて全国の気象情報を読み込んで小型扇風機を電子制御し、風を再現する仕組みの開発に挑戦中だ。オフィスビルの中で小豆島の風を感じながら、オリーブを育てる。そんな世界をつくっていきたいと考えている。

オフィスは働く場から、育てる場へ。Micro Farmは、最適化と合理化を追求する経済合理性の場に、仕事でも趣味でもない「縁側」のような機能を生み出している。生育に不利な環境で共に小さな命を育て、収穫したものを共に食べることで一体感が醸成され、世代や職種を越えた新たな関係性が育まれている。そんな人と人をつなぐMicro Farmを通じて、オフィスから都市の生態系を再生していく可能性を探求していきたい。

左頁／UoCのエントランスに設置されたMicro Farm。　左上／3つのプランターで光の照射距離と光量のバランスを探って栽培する品種を調整している。　右上／収穫されたり間引いた野菜はすぐそばのキッチンスペースで調理してメンバーでシェアしている（Micro Farm Recipe P.148）

Tokyo Urban Farming POP UP

UNIVERSITY of CREATIVITY（UoC）で栽培中のMicro Farmを中心に、アーバンファーミングを始めるための様々なツールを紹介する拡張版として、「Love is Sustainable」をテーマに渋谷スクランブルスクエアで開催されたイベントで展示を行った。会場では、単管パイプを用いて屋内空間でも野菜やハーブを栽培できるMicro Farmのほか、バスタブを再利用したプランターに植えたレモンの木、バッグ型コンポスト、コンポストトイレ、野菜の種をシェアする「Share Seeds」等のアーバンファーミング・ツールを展示。会期中には、株式会社プロトリーフ、エスビー食品株式会社の協力によりハーブ苗を100株無料配布。会期後も単管パイプは足場工事の会社へ、レモンの木はMicro Farmと共にUoCに移設して育てられており、SDGsのテーマに合わせて設置・解体が容易で、使用した什器が終了後も別のかたちで再利用されるようデザインした。

Tokyo Urban Farming

Tokyo Urban Farming POP UP,
SHIBUYA SCRAMBLE SQUARE 2nd Anniversary, 10/28-11/10 2021
CD：近藤ヒデノリ　VI：波戸祐輔(UoC)
建築：山本 綾(Spicy Architects)　写真：楠瀬友将
事業主体：東急(株)、東日本旅客鉄道(株)、東京地下鉄(株)

COMPOST

都会のキッチンでも毎日の食材の残りや落ち葉などを手軽に堆肥化して、野菜を育てる肥料として気軽に使えるようにすることを目的に開発された「grow×LFC特製コンポスト」
〈協力：プランティオ(株)〉

MICRO FARM

都会のオフィスやコワーキングスペースなど、庭のない屋内空間でも野菜やハーブを栽培できるマイクロサイズの「食べられる森」
〈協力：(株)プロトリーフ〉

COMPOST TOILET

20世紀前半、便器に署名して展示し、アート界に革新を起こしたのがマルセル・デュシャンだとしたら、21世紀の生活文化に新しい革新を起こすのはコンポストトトイレかもしれない
〈協力：東京アーバンパーマカルチャー〉

REUSE PLANTER

ちょっとした汚れや傷で商品として出荷できなかったバスタブをリユースしてレモンの木を植えるプランターとして活用。循環型社会へのアーバンファーミングツールとしての提案
〈協力：パナソニック(株)〉

SHARE SEEDS

いのちを育む種を分かち合うことから、人と人、人と自然をつなぐShare Seeds。都会の真ん中で種をつなぎ、分かち合うギフトエコノミーへの誘い
〈協力：SHARE SEEDS〉

Micro Farm Recipe

小枝指来実（フードデザイナー）

採れたてハーブの infused water

お好みのハーブを収穫し、軽く洗って水と氷と一緒にボトルへ。季節によって変わりゆくマイクロファームのハーブたち。そのときだけの組合せの香りを楽しんで。お好みでレモンやオレンジ、イチゴにリンゴなど季節のフルーツを入れるのもおすすめ。

作り方〈分量はお好みで〉

1. ボトルにお好みのハーブやフルーツを入れる。量もお好みでOK。

2. ①に氷、水の順で入れる。

3. 10分ほど置いたら完成!

※ハーブの量が少ないときや香りが弱いときは、少し揉んでから入れるのがおすすめ。
　イラストのハーブはローズマリー、アロマティカス、ゼラニウムの3種。

(食べる)

間引き菜のスープ

間引き菜を食べられるのも自家菜園ならでは。今回は「カブの間引き菜」を主役に、野菜出汁とソテードオニオン、トマトのシンプルスープ。夏に育てたパクチーを種取りして、コリアンダーシードとしてスパイスに。ベーコンやアボカド、パプリカなどを加えてアレンジも自由自在!

作り方〈分量はお好みで〉

1. 野菜出汁を端野菜でとっておく。コリアンダーは粗挽きにする。
2. 玉ネギをスライスし、鍋で炒める。
3. ①の野菜出汁と粗ごしトマト缶を入れて火にかけ、ひと煮立ちさせる。
4. カブの間引き菜を入れて、ひと煮立ちしたら塩と①のコリアンダーで味を調える。
5. お好みでトルティーヤチップをのせて完成!

チキンのハーブ炒めごはん

収穫期にはとにかくたくさん採れるハーブたち。せっかくならサラダのように野菜として食べてみて。複数種のハーブを入れることで、複雑な香りと味わいが押し寄せてくる。ご飯にのせてもよし。ハーブの味わいと香りで体がジャックされる体験をぜひ!

作り方〈2人分〉

1. 鶏むね肉(240g)を包丁で粗挽きにする(豚肉やベジミートでもOK)。

2. もち米(大さじ2)をフライパンで炒っておく。

3. 紫玉ネギ(1/4個)を千切りにする。

4. ①を小鍋で炒め表面が白くなったらごく弱火に。全体に火が通ったら火を止め、②と③を入れる。

5. ④の小鍋にお好みのハーブ(ミント、チャイブ、バジルなど/適量)を手でちぎり入れ、粉唐辛子(適量)、ナンプラー(大さじ1)を入れて混ぜたら完成!

ミント3種のヴィーガンアイスクリーム

ミントが贅沢に3種類も使えるのは、自分で育てているからこそ。品種によって香気成分が違うので、ミントのブレンド比率を変えてみるのも楽しい遊び。スパイシーさを強くしたいときはスペアミントをメインに。アップルミントでフルーティーに、ペパーミントで甘味のすっきりした印象に。いろいろな品種で試してみてください。

作り方〈3人分〉

1. 豆乳（300g）、砂糖（45g ※きび砂糖、三温糖、グラニュー糖等でも可）、葛粉（粉末タイプ9g）を鍋に入れ、ホイッパーでよく混ぜてから火にかける。ゴムベラでよく混ぜながら加熱し、沸騰したら弱火で5分混ぜ続ける。

2. 豆乳（100g）、なたね油（大さじ1）を加え、よく混ぜる。製氷皿に流し入れ、半日冷凍させる。

3. お好みのミント（適量）と②をフードプロセッサーに入れ、よく撹拌する。空気が入りなめらかになったら完成!

高橋一也（warmerwarmer代表）

繋がり、ゆけ! 古来種野菜!

　植物が芽吹く、生き生きと育ち、花が咲いて実る、その成長過程にある、実、根、茎、葉、そして花を、私たちは食べている。もしも私たちが食べなければ、その植物は枯れていきながら子（種）へ命を繋ぐ。その子は熟し再び土へもぐり、また芽吹く親となる。その1粒の子・1粒の種は、幾年ものその土地の風土・文化を記憶しています。だからこそ八百屋である私は、その鮮やかさに魅了され、生きている力強さに感動するのです。生き物としてのその姿に。

　野菜の種には、大きく2つの種類があります。1つは「種苗会社さんがある目的をもち、社会のニーズに合わせてデザインした種」。F1種、遺伝子組換種子などがあります。もう1つは全国各地の集落や村々で「古くから受け継がれてきた種」。この野菜は一般的な市場に出ることはありません。ここでは「古くから受け継がれてきた種＝古来種野菜」についてお話したいと思います。

　日本では元々、原産の野菜がとても少なく、山葵、ふき、せり、独活くらいだったと言われています。大根、かぶ、きゅうり、南瓜など、私たちの身近にある野菜のほとんどは、遠い昔、外国から人の手を介して種が日本へ入ってきました。その後も、人の移動によって各地に運ばれ、辿り着いたその土地の環境に適応し土着していきます。注目すべきは、その地方品種の多さ。

2002年刊行の『都道府県別地方野菜大全』（農山漁村文化協会）には、1214品種の野菜があると記されています。その1つひとつの野菜に宿る歴史や文化。それを繋いできた人たちの日常に思いを馳せずにはいられません。

　古来種野菜は郷土料理と紐づいています。例えば、秋田のいぶりがっこは沼山大根、奈良漬には守口大根など。同じ「大根」ではありますが、それぞれの個性や特徴を活かして「煮る、蒸す、焼く、干す、漬ける、絞る、おろす」などの工夫を凝らし、郷土料理へと発展してきました。その背景には、この時代の流通が発達していなかったことがあります。人々は「村」「集落」という単位で協力しあい、食料をつくり保存していました。今の私たちには想像し難いほど命に関わることなのです。ですから人々は、事あるごとに、収穫祭、五穀豊穣祭、虫送りなどの祭りを開きます。体の全部で、村の全部で、野菜を捧げて、祈ってきました。その命辛々の文化の中に古来種野菜は存在していたのです。

「農業」と「農」の違い

　冒頭で「野菜の種には、大きく2つの種類があります」と言いました。八百屋の視点で話をすると「流通には、大きく2つの種類がある」とも

たかはし・かずや／1970年生まれ。2011年より古来種野菜の普及事業、有機農産物のプロモーションのプロデュース、次世代のオーガニック市場の開拓と構築を行っている。著書に『古来種野菜を食べてください。』『八百屋とかんがえるオーガニック』。http://warmerwarmer.net/

言えます。1つは「農業」、もう一方は「農」です。

「農業」は、安定した食糧を確保するため、戦後開発された野菜と種。効率を向上させ収穫量を確保するために、様々な技術や機械化が進んできました。もう一方の「農」は、日本の風土や自然の移り変わりの中で繋がってきた野菜と種。日本が大切にしてきた文化、背景にある人々の暮らしや想いがあることを知ります。

この「農」と「農業」は同じ野菜を育てながらも、流通の違い、販売される場所の違い、時の進み方の違い、何よりそこへの感度に随分と開きがあるのです。

例えば、今日、私たち消費者が古来種野菜を食べたいと思ってもすぐには食べられません。食べることができるのは農業の中にある野菜だけです。これまで生きて繋がってきた古来種の野菜たち、その種が、この社会からなくなると、どうなるのでしょう。すべての野菜が持っている味、姿かたち、そこへ関わる人たちの技術（農法、種採りの方法、保存方法）、郷土料理、人々の暮らし。一度なくしてしまったらもう二度と同じ歴史をつくれません。同じ時間は積み重ねられないのです。そして何より、人という動物として「種を失う不安感」に気づかないことも。「なぜ種が大切なんですか?」と質問をいただき、私は返答に困るのです。漠然と、失いたくないから、というのが本音ですから。

都心だから地方だからという場のことを超えて、先人のように、その場だからこそできることを、野菜やその種は教えてくれます。土や風、水や月と近くなり、四季折々に自分を整えながら、未来の人々を想う場所をつくり続けること。私は八百屋ですから、大根を真ん中にした時間軸、空間軸、その感じたたくさんの要素とつながり、今ここで生きていることを教えてもらっているのです。何百年と繋がってきたバトンを今、私は握っています。

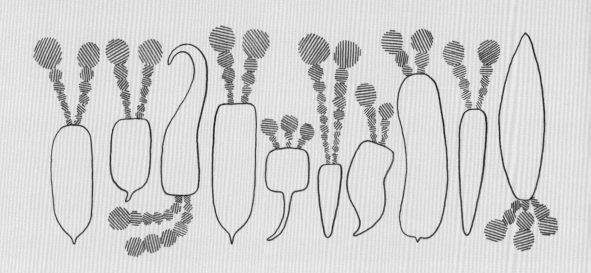

大根の花　photo by Jenny Suzuki

暮らしと結びついた美しさが
ほんとうの美しさだ。

──花森安治 『灯をともす言葉』

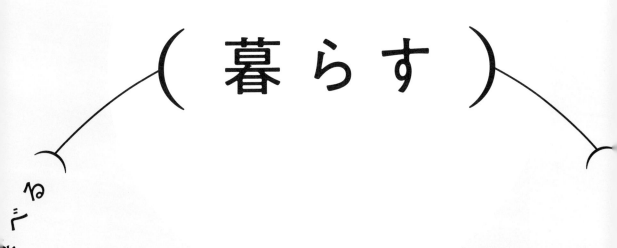

（ 暮らす ）

暮らしのそばに農があることで、自然の美しさに触れ、
地域の人の居場所として多様な交流が生まれる。
都市化の進展につれて「田舎くさい、土臭い」など
ネガティブなイメージさえもたれていた「農」が、
これからの暮らしの質と地域の魅力を高め、
共生社会をつくるためのキーワードとなっている。

CASE
#09

青豆ハウス

「住」と「農」が織りなす、地域と溶け合う暮らし

158　　　　　　　　　　（　暮らす　）

隣接する区民農園と一体化し、境界を感じさせない。空へ抜けていく開放感がなんとも心地いい

練馬区の
「畑」風景を取り戻す

　練馬区平和台の駅を降りて5分ほど歩いた場所に田柄一丁目区民農園がある。練馬区が管理する農園の中でもひときわ大きく、235区画の畑があり、それぞれが思い思いの作物を育てている。

　その農園に隣接しているのが青豆ハウスだ。3階建てのメゾネットが豆の木のように2棟ずつ絡まり合うようになっており、区民農園と同じ敷地にあるように思えるほど風景に溶け込んでいる。現在7組の家族が入居している青豆ハウスを運営しているのは株式会社まめくらしの青木純さん。彼自身もここで暮らしている。

　「元々は親族が経営していた不動産業を継ぐことになって、賃貸住宅の建て直しからはじまったプロジェクトなんです。そもそもは軽量鉄骨2階建ての単身者向け賃貸住宅でした」

　当時の写真を見せてもらったが、そこには日本中に何十万戸と存在するであろう何の変哲もないアパートがあった。当然、農園との関係性もなく、風景はアパートの塀によって断絶されている。

　「2011年の東日本大震災もあり、耐震性の問題もありました。老朽化していくなかで、このままでいいのかと。目の前の区民農園がこの土地の象徴だと思うんですよ。そこに溶け込むものをつくりたいと、改築じゃなく新築で一からつくることにしました」

　練馬区は1947年に板橋区から分離独立した。23区では一番新しいということになる。青木さんはそれを指して「一番遅れてきた行政区」と表現した。

　「他の区がどんどん開発されていくなか、環八（環状八号線）の外側、世田谷と練馬は畑が残っていたんですね。でも世田谷もどんどん宅地化されていったなかで、練馬が23区だと最も農地の割合が高い。おそらく、ここらへんも全部畑だったんですよ。思い返すと、練馬区らしい風景を取り戻すということが青豆ハウスというプロジェクトだった気がします」

　2011年に構想をはじめ、完成したのは2014年。青木さんは着工時点からブログなどで青豆ハウスの「育つ賃貸住宅」というコンセプトを発信し、イベントなども企画。相場よりも高めの賃料にもかかわらず、完成前に入居者がすべて決まったという。

　「コンセプトも農園からのインスピレーションなんです。この畑を利用する前、入居者と一緒に他の畑に行って農作業の基本を勉強したりもしましたね。区民農園の目の前にあるから、下手なことはできないなと思って（笑）。農園との地境も高いブロック塀を積むのではなく網の目にして、地域とグラデーションで馴染んでいくことを大事にしました。農園で作業している人から、『区民農園の東屋ができたの?』と言われたときは嬉しかったですね。言葉で説明しなくても伝わったんだなと」

青木 純さんが代表を務める「まめく
らし」は、不動産や都市プロデュース
を中心に人の暮らしや関係性のデザ
インに取り組んでいる

左／至るところに自然のモチーフが散りばめられており、畑や植物との関係性の深さがうかがえる。　下／現在7世帯が入居中。それぞれの部屋は渡り廊下でつながっており、子供たちがわいわいと行き交って賑やかだ。中庭にはピザ窯やキッチンが設置され、植物は住人が自主的に世話をしている。　右上／道路側から見ても目をひく開放的なデザイン。　右下／青木さんの自宅のリビング。一面の窓から太陽光がたっぷり差し込み、猫も気持ちよさそう

（　暮らす　）

畑が近いことは
「住む価値」になる

「木造にしたのも、畑とのマッチングを考えて
のことでした。むしろ鉄筋よりもコストがかかっ
たんですが、それでも土に還るものを使いた
かった。木材は年を経るごとに劣化するもので
はあるんですが、それが味になって風景にも馴
染んでいく。完成した瞬間よりも、時間をかけて
地域に溶け込んでいくんです。『100年続く賃
貸住宅』というのも掲げているんですけど、100
年経ったら木材はもうなくなっているかもしれな
いし、私自身この世にはいないんですけど、
『青豆ハウスがこの土地にあった』という記憶
は残ると思うんです」

　鉄筋コンクリートの四角いマンションは、時間
とともに錆付き、廃墟となって街の異物になっ
てしまう。青豆ハウスは街と一体化することで、
その歴史の一部になっていくのだ。

　また、青豆ハウスで暮らす家族の子供たちは
みんな青豆ハウス入居後に生まれたそう。物心
ついたときから目の前に畑があり、ルーティンと
して区民農園やコモンガーデンの土いじりをし
ている。

　「生活の中に農があるのが当たり前の子供た
ちなんですよ。収穫の喜びも知っているし、虫も
嫌がらないですしね。こうやって同じ作業をし

ていくことで、住人たちの結びつきが強くなって
いったと思います。今では拡張家族というか、
江戸時代の長屋みたいな感じになってます」

　コモンガーデンには手づくりのピザ窯がある。
そこでなにか焼いていると、畑で作業している
人がたびたび作物の「おすそわけ」を持ってき
てくれるそうだ。

目の前の田柄一丁目区民農園は練馬区で一番大きな区民農園。バラエティに富んだ作物が育てられている

「畑で採れた玉ネギとかをくれるんです。それを僕らが焼いて、またお渡ししたり。すごく喜んでもらえるんですよね。こうやって、畑を通して地域の方々とつながっていけているんです。区民農園には朝早くから常に誰かがいるので、青豆ハウスのことも気にかけてくれているんですよ。ある意味これが『開かれた防犯』にもなって

いるので、とてもありがたいです」

青豆ハウスでは年に一度、地域住民を招いてお祭りを開催している。入居者だけで結束するのではなく、地域全体に開かれていくことでコミュニティの結びつきを強める役割も担っているのだ。

こうした「住」と「農」が融合した取り組みに

CASE #09

区民農園でニンジンを収穫する子供たち。生活の中に、当たり前に農がある（写真：小栗直人）

影響を受けた人々も多い。板橋区の有機栽培農園「THE HASUNE FARM」もそのひとつ。ここでは同じ敷地内にあるレストラン「PLANT」で採れたての野菜を使った料理を味わえるとあって、近年注目を集めている。

「オーナーの川口真由美さんのお父さんが持っていた農地だったんですが、受け継いだときにどうしたらいいかわからなくて重荷になっていたそうなんです。でも、青豆ハウスを見て農が生活の近くにあることの価値を感じてくれて、『これならやれる!』と思ってくれたみたいです」

青木さんは池袋で「まちなかリビングのある日常」をコンセプトにした「IKEBUKURO LIVING LOOP」にも取り組んでいる。ここでは農家が直接野菜を売ることができるマーケットを時折開催している。

「池袋は練馬や板橋、埼玉も近いので、アーバンファーミングのプラットフォームにもなり得るんですよね。開発された都市の真ん中にある新宿や渋谷と比べて、これは池袋ならではの強みだし、『新鮮な野菜がいつでも手に入る』ということは豊島区に住むメリットに十分なりえます」

見渡す限り畑ばかり、という風景はこれまで「古い、遅れている」田舎の象徴とされてきた。しかし、目線を変えるだけで他にはない価値になる。遠くまで出かけなくても、魅力的な「農」は案外身近にあるのだ。

ちなみに2022年の青豆ハウスは、区民農園の抽選に落ちてしまった。しかし翌年、キャンセル待ちの繰り上げがあり再び利用できることになったという。

「はじめて落ちちゃいました（笑）。それだけ畑に注目が集まっているし、みんなが求めているんだと思います」

166　　　　（　暮らす　）

青豆ハウス

POINT

- 隣接した区民農園との関係性を活かしたシェアハウス
- 時間をかけて住民や地域との関係性を育む
- 農が生活の近くにあることを不動産や街の価値につなげる

FEATURES

PIZZA OVEN

住人同士のちょっとしたパーティーでも、区民農園で収穫したおすそ分けの野菜を焼くときにも、地域の人々を招いたイベントでも、ピザ窯は大活躍。美味しいものの周りに人々は集まる。

BLACKBOARD

当初は植え込みにゴミを捨てられて困っていたが、黒板を設置して絵とメッセージを毎日描いていたらいつの間にかなくなったそう。少しのコミュニケーションが垣根を取り払う。

PUBLIC SPACE

現在入居者がいない1部屋は共有スペースになっており、子供たちの遊び部屋や、街のキオスク「まめスク」として活用されている。

DATA

Aomame House

場所	東京都練馬区田柄1-16-9
設立	2014年3月
広さ	487.56㎡／木造・地上3階／8戸(2LDK・3層メゾネット)
運営	株式会社まめくらし
予算	企業予算

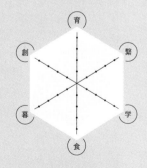

167

CASE
#10

KYODO HOUSE

工夫と実験を重ねる生活彫刻の場

（　暮らす　）

環境とアートをテーマに、設備家とアーティスト等と協働で未利用材を活用し、内装はすべてDIYで行った自宅兼「地域共生のいえ」

「循環」と「シェア」を楽しむ
自然とつながる暮らし

　世田谷区経堂の閑静な住宅街。巨大な立方体が組み合わさったような構造に、表面には斜めのラインが駆け巡る、ユニークなデザイン。ここ「KYODO HOUSE」は個人宅であり、ご近所さんが気兼ねなく集う共創の場としての「地域共生のいえ」であり、アーバンファーミングの実験場でもある。

　「この家をつくるタイミングで、ちょうどアーバン・パーマカルチャーをテーマとした書籍の編集を担当していて、自分の家にも『循環』や『シェア』の精神を注入しようと考えたんです」

　こう話すのは「KYODO HOUSE」オーナーの近藤ヒデノリさん。本書籍発刊の原動力となったオープンプラットフォーム「Tokyo Urban Farming」の発起人であり、UoC（UNIVERSITY of CREATIVITY）でサステナブル領域のディレクターを務めている。聞けば、この家には随所にアイデアと仕掛けが施されていた。

　自然の風の抜けと、日差しを遮る窓の設定。家屋と屋外には2本のパイプが通じ、地下から室内へ冷たい空気を取り入れることで、リビングルームや仕事部屋では夏でもエアコンを必要としない。冬は建屋天井部に集まった暖かい空気をパイプで吸い込み、1階部分へ空気を循環させることでエネルギー効率を高めるといった、いわゆるパッシブハウスの構造だ。庭に出てみ

ると狭いながらも植物の宝庫でレタス、ハーブ、ネギやパクチーなどの野菜類、そしてコンパニオンプランツが植えられている。また、キッチンから外へ出てすぐの場所にはミミズコンポストで堆肥や液肥を。これを利用して菜園の栄養とし、すべての作物を化学肥料を使わずに育てている。

　「パーマカルチャーの思想を採り入れて、狭い三角形の庭はキーホールガーデン（円形菜園の中心に鍵穴型のスペースを設定。作業をしやすくする工夫）をつくって。あとはあらゆる隙間を探してブラックベリーとかレモンなどの果樹を植えてます。だけどやっぱり庭が狭いので、空間を縦に取る工夫もした。家の壁沿いに網を立てて、縦に伸びるミニトマトやパッションフルーツを育てたり。

　屋上も利用しようと思って、余っていた木材を活用して自作のプランターをいくつも。ここにはローズマリーとかシークヮーサー、すだち、ゆずなど、お酒飲むときに利用するものを植えてます。また屋上は雨水だけでは乾燥しやすいけど水道がないので、バスタブを置いて水を溜めたりプランターごとにペットボトルを立てたり、下にお皿を置いて吸い上げる仕組みにしたりして水やりの手間を省きつつ、少しでも資源を循環させる細かな工夫をしてます」

庇の上もDIYでセダム等を植
えたりビングルーフとして夏
の温度上昇を避ける工夫

左／屋上では家づくりで余った木材で自作したプラン
ターで、水やりの手間がかからないハーブや果樹を中
心に栽培中。　上／庭が狭いため壁面を活用。蔓を
伸ばすミニトマトやパッションフルーツ、レモンなどを栽
培するほか、水分の多い風呂外には椎茸も栽培中

（　暮らす　）

CASE #10

環境問題の本質は都市生活者の
ライフスタイルと価値観にある

「僕の中にあるのは、自分の住む都会を少しでも改善していきたいという思い。環境問題を考えていくと、都会の人々のライフスタイルが大きな原因となっていることに気付きます。世界では人口の約半分が都会で暮らしていて、今後10年で都市での生活者が全体の2/3になるという試算もある。ならば、都市住民のライフスタイルや価値観が変わっていかなければ、環境問題の根本解決は難しい。だから仕事では、大企業や行政といった大きな影響を及ぼす側と、素晴らしいアイデアや実践を試みる多様な個人やチームをつないで、少しでも都市のあり方を変えていきたい。アーバンファーミングを提唱するのはそんな思いのひとつの現れですね」

近年、都市の緑化は進化しているようにも思える。それでもなお、こうした動きを拡張させ、加速させる意義についてはこんな意見を持つ。「法律や条例が変わって都市の緑や農地の価

(暮らす)

左上／隣家からいただいたグレープフルーツに穀物酢と角砂糖を加えたジュースに梅酒など。都会でも関係性さえあれば採集生活。　左下／キッチン真横のキーホールガーデンでは、ネギやレタス、パクチー、シソなどを栽培。　右／太陽光を最大限に取り入れるため真南に向けられたリビング。夏の陽射しを遮る庇や風が通りやすい工夫、地下の冷気を運ぶパイプ等でエアコンがなくても暮らせる

値も見直されてきましたが、その多くは『緑化』に留まっていて、個々がそれに関わることも少ないし、『食べられる緑化』はまだまだ十分とは言えない。でも、都市にいながら自らの手で土をいじり、栽培し、収穫できれば、美味しいし、分かち合える喜びもある。そんな体験から少しずつ意識が変わっていく人が出てきて、例えばその人が所属する企業の中での判断や行動が、より長期的な目線となり、ポーズではなく、本気

リビングルームや屋上、地下スペースで展覧会、ライブ、味噌づくり等様々なイベントが行われる

でESG等に取り組んでいくようになると思うんです。そういう本気の人が増えていくことで大きな変化を生み出していくことを期待しています」

いらなくなった本や子供服は玄関脇に置いておき、通りすがりの人が自由にもらえる仕組みに。お返しとして食べ物や、ピアノまでもらったことがあるという。

「パーマカルチャーの倫理のひとつに『余剰な豊かさを共有する』というのがあって。家の地下室は、週末はライブや展覧会などで開放していて、空間もシェアしています。シェアすることで人との関係性が生まれ、モノや知恵の循環も起きてくる。作物を育てることも、何かをシェアすることも、自分自身や周囲の人々、地域社会の豊かさにつながっていくんだなと実感しています。社会活動家であるヨーゼフ・ボイスは『社会彫刻』（誰でも創造性によって社会の幸福に寄与できるという概念）を提唱しましたが、僕は自分のスタイルを『生活彫刻』と呼んでいて。それぞれの人が心地よい方法で工夫しながら暮らしていくことが大切なのかなと思っています。都市に住んでいても、自分なりに自然とのつながり方を探しながら楽しむことは誰でもできると実感していますね」

（　暮　ら　す　）

KYODO HOUSE

POINT

- 都会の一軒家で実践するアーバンパーマカルチャー
- 狭い土地を生かした壁や屋上、庇等を使う工夫
- 「地域共生のいえ」としてシェアを通じて様々な循環を生む

FEATURES

ENTRANCE

玄関前の黒板でイベントやメッセージを発信するほか、ベンチには不要になった本や家具等、様々な物をシェアしている。

COMPOST

台所の生ゴミを入れるミミズコンポストほか、屋上と裏にも落ち葉を堆肥化するコンポストを設置して、ゴミをできるだけ資源化する工夫。

RAINWATER TANK

屋根に降る雨水も大切な資源。雨水タンクで貯めて野菜の水やりに使うほか、防災時には飲料や生活用水として使う。

DATA

KYODO HOUSE

場所	非公開
設立	2015年12月
広さ	40坪
運営	本人+家族
予算	住宅ローン

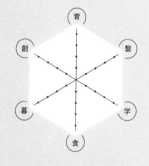

育
創　繋
暮　学
食

すべての家庭でコンポストを使えば国も変わる

たいら由以子

ローカルフードサイクリング株式会社代表

半径2キロの
ローカルフードサイクリング

生ゴミなどから堆肥をつくり出すコンポストは、循環型のアーバンファーミングには欠かせない存在だ。本書で取材したファームにも、様々なタイプのものが設置されている。

このコンポストを一般家庭に普及させるために20年以上前から活動しているのがたいら由以子さん。NPO法人循環生活研究所を立ち上げ、現在はローカルフードサイクリング株式会社の代表だ。

たいらさんがコンポストに興味を持ったのは、父親が病床に臥せったのがきっかけだったそう。「無農薬の野菜で食養生をしたところ2年の延命。でも、実は当初市内を2時間かけて探し回っても安全な野菜が入手できなくて、大変苦労しました。調べていくうちに、暮らしと自然の分断、環境の悪化に気づき、結果、日々の生活と土を改善することに行き着きました。母が家の周りで畑をやっていたんですが、痩せた土地だったのでいろいろと工夫していたんですね。母から手習いで教わって、コンポストの知識を深めながら実践と研究開発を重ねていきま

した」

生活にコンポストが導入された結果、生ゴミが劇的に減り、暮らしがシンプルになっていったという。生ゴミの90%は水分でできている。それをゴミ処理場で焼却することは火の中に水を投げ入れているようなもので、非効率極まりない。文明から離れたところにあるように見える土に向き合うことは、むしろ合理的な暮らしの入り口だったのだ。

コンポストを中心とした半径2キロの循環生活をみんなにも知ってもらいたいという思いから、堆肥づくり60年生の母と教材を開発し、市の施設にNPOを立ち上げるなどしてダンボールコンポストを広める活動を開始した。

「介護のためにそれまでの都市生活から地域社会に閉じ込められたとも言えるんですけど、それが案外楽しかったんですよね。自分の足元を見つめ直すような感じというか。ゴミは毎日出るんだから、絶対すぐにみんながコンポストを使うようになると思ったんですよ。でもなかなか広がっていかなくて。私はバブル世代で、当時遊んでいた友人は『急に土いじりだして、どうしたの?』っていうリアクションでした（笑）」

伝え方も模索しながら、イラスト入りの解説冊

「なんでみんな使わないんだろう?」
という思いに突き動かされてきたた
いらさん。素朴な信念は強い

179

左は娘の平 希井さん。コンポストアドバイザーを務めている。母から娘へ、3代にわたって受け継がれるコンポストだ

子を出版すると、全国から講演の依頼が相次ぐようになった。全国を飛び回るようになると、忙しさからコンビニの弁当で食事を済ませる日が続いた。これでは本末転倒だ。たいらさん一人で広めるのではなく、人材を育成し、周りの人を巻き込んでいく方向に舵を切り、NPOも設立した。

また、食・コンポスト・回収・菜園・販売をつなげることで地域の循環を生み出す「ローカルフードサイクリング」という活動も展開するようになる。

「コンポストだけだと興味を示さなかった人でも、マルシェやコミュニティガーデンには覗きに来るんですよ。道で見かけたときに『あれはなんだろう?』と思ってもらえるように、堆肥の回収にもかっこいいデザインのベロタクシーやクリスチャニアバイクを使っています。この循環のどこからでも入ってこられるように、入り口をいろんなところにつくっているんです」

（　暮らす　）

このファームは恵比寿ガーデンプレイス内にある「エビスガーデンファーム」。小倉 崇さん（P.068）のURBAN FARMERS CLUBがサッポロ不動産開発株式会社との共同プロジェクトとして開発、施工したもの。たいらさんはLFCコンポストとファーミングをつなぐワークショップをUFCと一緒に行っている。　右上／インタビュー中にたいらさんが描いてくれた図。ワークショップなどではいつも図を描いて説明するそうで、たいらさんが循環を感覚的に捉えていることがうかがえる

小さな生態系を実感する

「コンポストは教育的な効果もすごく高いんですよ。小学校にコンポストの体験授業に出向くと、生ごみに対して最初は『臭い、臭い』ってものすごい反応なんです。今は街や暮らしからも「におい」自体が消えてるんですね。汚れたらすぐに掃除して、殺菌、消臭剤。コンポストの体験が1カ月終わる頃には、子供の目が全然違うんです。普段の生活態度も活発になるそうで、

においの表現に関するボキャブラリーも30倍くらいになります」

　情報はいくらでも調べられるが、実感を伴った経験を得ることが難しい現代。コンポストは小さな生態系そのものなので、身体を使ってそれを感じることができるのだ。

「山川海と私たちの暮らしはすべてつながっています。山の木の根元にも昔は豊かな自然があり、腐葉土が雨を通して海まで栄養を運んでいました。陸も同様でコンポストがある土壌や植

コンポストでつくられる堆肥は、入れるものはもちろん、温度や湿度、かき混ぜる回数などでビビッドに変化していく

物たちも舗装され、化学的なものも入り、海の環境が悪化しています」

　暮らしの中でコンポストに触れることは、さらに深い農的な活動への接点にもなっていく。循環型のコミュニティガーデンを都市部に増やしていき、身近で野菜が栽培できる体験を増やすことでグリーンジョブの創出を増やしたいと、たいらさんは考えている。日本の農業は現在深刻な人手不足にあるが、まずこういったことで敷居を下げることが重要なのだ。

　それにはコンポスト自体を誰でも簡単に使えるものにしなければならない。たいらさんは利便性と機能性を追求。ユーザーが少しでも「面倒くさい」と思うポイントを減らすために、何センチ単位で調整を重ねたのが現在のLFCコンポスト（P.185）だ。事業化して3カ月で黒字化し、非常に順調な滑り出しを見せている。

「コンポストを買って終わりにならないように、LINEでユーザーの疑問に答えるサポートも行っています。はじめてだと、ちょっとしたこと

（　暮らす　）

お互いのペットを自慢するかのように、コンポストの中身を見せあってコミュニケーション。年齢問わず「オシャレ」な人々が集まっていたのが印象的。自分の生活を「ちょっと良くする」という感覚が重要なのでは。この日はコンポストを持ち寄った人々と、たいらさんやUFCのメンバーが話し合う場も設けられていた

でも不安になるし、それがハードルになってしまいますよね。現在、月に約2000件の相談が寄せられるようになりました」

また、定期的にユーザーがコンポストでつくった堆肥を持ち寄るワークショップも開催している。たいらさんに「きれいな堆肥になりましたね」と言われると、参加者の表情はほころぶ。互いの堆肥を見せ合いながら、「果物多めに入れました?」など話している光景は、さながらペットを自慢しあっているよう。参加者も老若男女幅広く、アーバンファーミングの定着が感じられる。

「でも、まだまだ100%には程遠いですから。20年前は『なんでみんな使わないんだよー!』って3歳児みたいに怒ってたんですけど、今はみんなの力を借りながら、行政とも話し合いつつやっていこうと。世の中の変化って個人の妄想からスタートするじゃないですか。すべての家庭でコンポストを使うようになったら国も変わらざるを得ないですよね。そのときまで、がんばってみようかなと思ってます」

コンポストのススメ

Tokyo Urban Farming

地球温暖化や環境問題は気になるけど何から始めたらよいかわからないという人にとって、生ゴミを微生物の力で堆肥化するコンポストは、都市生活者でも無理なく取り組めるアクションのひとつだ。

1年間に家庭から出る「燃えるゴミ」の約3割を占め、9割以上は水分といわれる生ゴミ。その生ゴミを資源として堆肥に変え、美味しい野菜を育てられるばかりか、自治体の処理費用も削減し、焼却による二酸化炭素放出も減らせるなど、循環型の生活・社会に向けて三方良しといえるコンポスト。筆者も自宅でミミズコンポストを使って野菜を育てており、キッチンのそばで日々、自然の循環を感じられるのもおすすめの理由のひとつだ。

自宅だけでなく、地域連携によるコンポストの取り組みも各地で始まっている。「半径2km単位での小さな循環」を掲げるLFCコンポストでは、各家庭のコンポストを回収して堆肥化し、菜園で栽培して地元のマーケットで野菜販売まで行う取り組みを行っており、都内での株式会社オレンジページとの協働による「コミュニティコンポスト」も実装されている。「農のある暮らし」を提唱する日野市では、近隣200戸から出る生ごみを軽トラックで回収して堆肥化し、野菜や花を育てる体験を通じた食育や環境教育を行っている。23区では港区、千代田区、品川区をはじめ10以上の自治体でコンポスト等生ゴミ処理機への助成金制度を実施している。

生ゴミを通してほんとうの美味しさと循環を知る入り口として、地産地消によるフードマイレージ削減、フードロス解消への取り組みとして、コンポストのさらなる普及を期待したい。

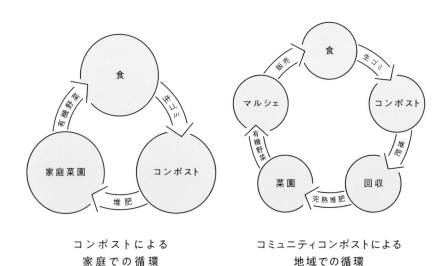

コンポストによる
家庭での循環

コミュニティコンポストによる
地域での循環

LFCコンポスト

「日々の暮らしと土の改善をつなげること。忙しい人でも参加できること。小さな単位での食の循環であること」の3つの解決策として、20年間のNPOでの普及活動を経て、初心者でも、都市生活者でも簡単で暮らしに取り入れやすいことを目指して開発されたバッグ型のコンポスト。その都会的なデザインと使いやすい仕組みで爆発的に普及しており、「コンポスト」という言葉を日本であたりまえにした貴重な存在。

キャノワーム

1993年にオーストラリアで発売以来、世界中で販売されているミミズコンポスト。筆者もそのシンプルなデザインに惹かれて購入し（一時は夏の強すぎる日射でミミズを全滅させてしまい、ミミズを購入し直すこともあったが）、日常の中で生ゴミをあげることでミミズを育てる楽しさも味わいながら、ミミズと微生物の働きによって生み出される堆肥と小さな蛇口から出る液肥を薄めて家庭菜園に使えるのもメリット。

バクテリアdeキエーロ

微生物の力で生ゴミを消滅させることを目指して、葉山在住の松本信夫さんが発案したコンポスト。そのつくり方と使い方がウェブサイトで公開されて全国に広がっている。筆者も屋上用に1台自作したが、発案者の地元・葉山町でもその購入補助や割引販売等で強力推進しており、おおむね半数の世帯で生ゴミの自家処理が行われ（単純世帯普及率・平成29年度末時点）、数年間で1億円を超えるコスト削減を実現したという。

Yasai Ikebana

小杉祐美子（フラワーアーティスト）

晩秋の季節に訪れたアーバンファームに咲いていた野菜の花や枝を作品に。「枯れ」を活かすのは、いけばな表現のひとつ。　写真左上／イタリアンパセリの花と大葉の種。　右上／山葡萄の枝。　下／ビワの花と紅葉したブルーベリーの枝。　右頁／ナスの花と実（撮影協力：日本橋いけばなスクール）

　みなさんは野菜を観賞用に飾ったことがありますか？　スーパーなどで野菜を買うと、大抵は、「実の部分」「葉の部分」だけで売っているので、なかなか切り花のように飾ることはないかもしれません。ファーミングの良いところは、植物を育てながら心が癒され、剪定したものを観賞用にいけたり、食べごろになったら美味しくいただくこともできるというところ。1石3鳥くらいあると思います。

　今回は「野菜いけばな」というテーマで、実際にアーバンファーミングで育てられた野菜の花や枝を、いけばなスタイルで作品にしました。いけばなというと、古典的な「型」をイメージされる方も多いかもしれませんが、実はとても自由に、そのときの心情や風景を表現することができます。

　花材は、Tokyo Urban Farming仲間の自宅ファームから10月の終わりに譲り受けたもの。晩秋は収穫が終わり、次のシーズンに向けた剪定や種子を残す季節。秋までの収穫の思い出と、これから冬がくることを予感させる「枯れ」や「寂れ」にこそ、未来に続く生と希望を感じられ、心が動く瞬間があります。そんなアーバンファームならではの景色を表現しました。

　　　（　暮らす　）

こすぎ・ゆみこ／いけばな草月流師範、Tokyo Urban Farming プロデューサー。広告会社でコミュニケーションデザイナーとして働く傍ら、「花のある暮らし」の魅力に取りつかれ、生花やドライフラワーを使って作品をつくるなど、フラワーアーティストとしても活動中。

FUTURE
#01

「大いに活躍する機会を待って、長い間じっとしていること。後に大きな変貌を遂げる可能性を秘めている」という楚国の故事に由来するプロジェクトが、世田谷区大蔵地区で進行している。元々は大家さんの実家と賃貸アパート、畑があり、まちの人が集う場だった土地が、都市計画道路により分断されることをきっかけに始まった。

　仙川と野川に挟まれ、国分寺崖線の緑地帯が広がる穏やかな場所で道路によって二分された敷地には、地域の緑をつなぐ"100年後も残る風景"をコンセプトとした「長屋プロジェクト」と、"世代に合わせて変化する風景"をコンセプトとした「小屋プロジェクト」が進んでいる。筆者もここで開催された「石場建て」という伝統工法による家の基礎をつくる「ヨイトマケワークショップ」に参加して、みんなでロープを引っ張って約100キロの重しを持ち上げて石を打ちつけてきたが、以前にも現地の土を使ったアースオーブンワークショップやピザパーティー、瓦降ろしワークショップ（古瓦は、新しい建物の屋根に載る予定）等、その名前の通り、急いで先に建物を建てるのではなく、人と人の関係性を育みながら進めているのも特徴のひとつだ。

　都市における農のある暮らしや都市農地のあり方、建物をつくるだけでなく、つくり直すことまで考えた建て方等、これからの都市で豊かに暮らすための工夫がふんだんに盛り込まれているので、ぜひ参考にしてほしい。

「三年鳴かず飛ばず」プロジェクト

ビオフォルム環境デザイン室

お母さん的存在が住む、コモンスペース
小屋の住人や地域の人が集える、縁食的な場所

近隣の人々と共に家の基礎をつくる「ヨイトマケワークショップ」

MOTHER HOUSE

（　暮らす　）

プロジェクトのテーマ

1 都市農地のこれからのあり方を考える
- 都市に畑を残しつつ、持続的な経営ができる方法
- 都市農家の新しい選択肢をつくる

2 50年、100年、次世代を考える
- 建物ではなく風景をどうつくるか
- 撤退できることを考える

3 小さい面積で豊かな暮らし
- 都心マンションの一室を地面に置いてみる
- 消費から参加型の暮らし

4 住人／地域の人と暮らしをシェアする
- ハウスレスになってもホームレスにならない
- 孤食と共食のあいだ、縁食的な場所

5 色々な大人を見て子供が育つ場
- 子育ては、親だけではなく地域でする
- いろいろな大人と出会える場所をつくる

6 みんなで育てる（育つ）プロセスを大切にする
- ここにいるひとでつくる
- 興味があるひとが集まってくる

7 これまでの文脈・歴史を大切にする
- これまでの記憶をつなぐ
- 地域の歴史・慣習を踏襲する

SHARE HOUSE

FARM

畑

CABIN

○ **子育て世代向けの長屋型シェアハウス**

子育て世代が暮らしをシェアし、まちとつながりをもつ
いろいろな大人の中で子供が育つ環境

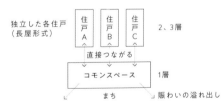

独立した各住戸
（長屋形式）

住戸A　住戸B　住戸C　　2、3層

直接つながる

コモンスペース　　1層

まち　　　　賑わいの溢れ出し

○ **単身者向けの小屋型賃貸住宅**

シェア+畑で小さくても豊かな暮らし
時代に合わせて増やしたり撤退もできるライトな建築

畑

マザーハウス

参加

シェア

小屋：必要最小限の機能

移動できる

組立が
簡単

大地を汚さない

189

宮沢佳恵（東京大学大学院農学生命科学研究科／准教授）

土と微生物
―Radical Carbon Farmingの可能性

アマゾン盆地には、肥料を入れなくても何年も作物がとれてしまう肥沃な土「Terra Preta」が点在していることが知られています。この土は実は自然にできたものではなく、かつてアマゾンに古代都市が形成されていた時代に人口的につくられたのではないかと考えられています。

一般的な熱帯の土は酸性で養分が少なく、表土が直射日光と雨風にさらされるとあっという間に劣化が進んでしまいます。ところが、Terra Pretaはそこで作物を栽培していた人々がいなくなって長い年月放置されていたにもかかわらず、その肥沃度が現在まで保たれているのですから驚きです。この土の中には、動物の骨や植物残渣、人の糞尿、陶器の破片や大量のバイオ炭が入っており、pHやリン酸濃度も高く、そして何より有機物がとても多く含まれています。Terra Pretaの上には周囲の植生とは異なって森が形成されていただけでなく、その養分の恵みを受けて周辺の水中の生物多様性まででも高まっていました。似たような土はアフリカやヨーロッパでも見つかっています。

ところがどうやってこの肥沃土の高い土がつくられ、なぜその効果が今でも持続しているのかは、実は謎のままなのです。Terra Pretaには木質有機物を炭化したバイオ炭が入っていたため、バイオ炭を土に投入する研究が一気に盛んになりました。しかし、投入すれば肥沃度が高まるかというとそうでもなく、条件によっては作物の収量が減ってしまうこともあります。また、バイオ炭と人間の生活から出る有機物などを単に一緒に投入しただけでは、Terra Pretaを再現できないことがわかっています。

糸状菌が肥沃な土をつくる可能性

もしかすると、この土の謎には微生物が大きく関わっているかもしれません。

土壌微生物は主に細菌（バクテリア）と真菌（カビ）に分けられます。通常の畑では有機物を速やかに分解してしまう細菌の方が多いのに対して、Terra Pretaでは真菌が多く、その多様性も高いことがわかっています。真菌の中でも糸状の菌糸を伸ばす糸状菌は、菌糸を土の中に張り巡らせて土をふかふかにしたり、炭素をたくさん貯蔵することができます。私の研究室では、まさにこの糸状菌を畑の中で増やして野菜を栽培する農法を研究しています。

糸状菌を畑の中で増やし、長期にわたって生育させるには炭素含有率の高い木材由来の有機物が必要であることがわかっています。ただし、木材を大量に畑に入れて栽培するのは、農学の世界では全く非常識な話なのです。なぜな

（　暮らす　）

みやざわ・かえ／子供のころから虫や山や海が大好きで、その興味のまま大学で生態学を専攻。現在は、「人々の日常の行動が変わるのは、生態系に良いかどうかではなく、その行動自体が喜びとなり幸福感をもたらすときである」という仮説のもと、幅広い研究を展開中。

ら、大量の炭素を土の中に入れると「窒素飢餓」が起こって、極端な場合には数年以上作物がほとんど育たなくなってしまうからです。

ところが、こうした炭素含有率の高い有機物を大量に使って大きくて美味しい野菜をつくっている農家の方々がいます。事例を調査したところ、畑の中にキノコが生えていて、通常の畑とは異なり糸状菌優占の土壌生態系になっていました。また、同じ場所で畜産堆肥を使った場合と比べて野菜のグルタミン酸含有量が増えたり、土が柔らかくなる現象も確認できました。大量の炭素を土壌に投入することで一気に畑の土壌生態系を変えることから、私たちはこの農法を「Radical Carbon Farming」と名付け、この農法を再現し、メカニズムを解明しようとしています。もし、糸状菌を増やすことで野菜の収量や品質を上げられるのであれば、この方法を続けていくことでTerra Pretaのような肥沃な土が形成されるかもしれません。人間が手を加えることで自然にできるよりも豊かな土ができ、その土から周囲の生態系が豊かになっていく。そうなれば、農業は環境破壊ではなく、地球環境にとって有益な人間活動の一部になります。

古代都市で人が密集して暮らしていたところに肥沃な土が形成されたことを考えると、現代の都市においても同じことが再現できるのではないかと期待が膨らみます。都市で出る大量の生ゴミや糞尿は、畑の堆肥としてだけではなく、森を育てるための資源として使えます。森は自然条件では大きく育つまでに100年単位の年月が必要ですが、都市から供給される養分を使い多様な樹種を植えればたった数十年で豊かな森が育ちます。森と畑をセットで都市近郊に配置することで、都市から養分の豊かな有機物を森へ、森から木質有機物やバイオ炭を畑へ、そして畑や森でとれた食料を都市へ、と大きな炭素のサイクルをつくることができます。

炭素のサイクルは、植物がCO_2を材料に太陽エネルギーをたっぷり蓄えた炭素化合物をつくるところから始まり、その炭素が形を変えながらエネルギーを生命から生命に受け渡して豊かな生態系をつくり出しています。その炭素サイクルの要である植物が育ちやすくなる土を人間活動がつくりだし、生態系が豊かになっていく。こんな風に、人間活動が地球環境を破壊するのではなく、人間という種が地球環境にとって有益なKeystone species（キーストーン種）になり得る可能性は十分にあります。

すべての人は芸術家である。

――ヨーゼフ・ボイス『BEUYS IN JAPAN』

（　創 る　）

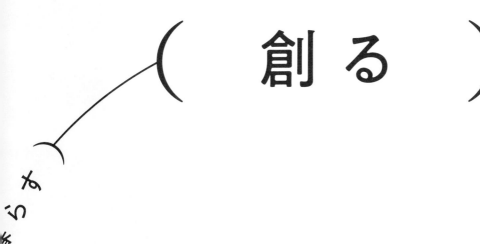

都市における畑は、多様な人が共創するためのメディアだ。
芸術や文化が消費社会の進展とともに日常生活から切り離されて
一部の人のものになってきたなかで、
アーバンファーミングは人々の創造性を呼び覚まし、
消費者から生産者に、新たな都市生活文化の創造者に変えるきっかけなのだ。

タマリバタケ

人・行政・歴史、その土地まるごととつながる農園

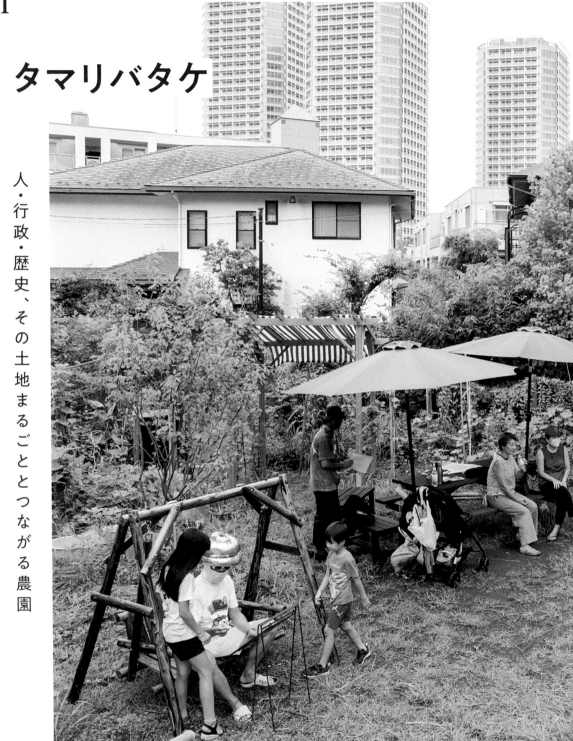

（　創 る　）

世田谷の住宅地、その真ん中で老若男女が同じ場所を共有している。「公園」という言葉の本来的な意味を体験できる

リーダーがいない
誰のものでもないDAO農園

　東京の上野毛駅と二子玉川駅のちょうど中ほど、住宅街の一角に「タマリバタケ」はある。2021年9月にスタートしたこのコミュニティ農園は、世田谷区用賀を中心にイベントの企画運営や清掃活動などを行うNPO法人「neomura」が母体となって発足。理事兼CFOを務める武井浩三さんは、ベンチャー企業の創業者というポジションを自ら手放し、現在は数々の組織やコミュニティの運営に関わっている。

　「みんなで野菜を育てて、それを知り合いのレストランに持っていって食べる。そんな都市型の"Farm to Table"ができたらいいねという話から始まったんです」

　まず目をつけたのは公園だった。世田谷区に掛け合ったところ、畑としての利用は法律的に難しいと判断されたが、区が所有する遊休地を活かすという方針でまとまり、世田谷区とneomuraとの協働事業として進めていくこととなった。候補地選定も困難を極めたが、当初は大人の背丈くらいの雑草が伸び放題の空き地だったという現在の地に落ち着いた。区の担当者とこの土地に赴いて打ち合わせをしたとき、早くもコミュニティ農園の難しさに直面する。

　「近隣のマンションの方が警察に通報したようなんです。『見慣れない集団が空き地でなにか相談している』と（笑）。急によそから入っていったら驚いてしまいますよね」

　農作業よりも、近隣住民の信用を得ることが第一。マンションの管理組合に挨拶に出向き、タマリバタケのチラシを世田谷区の名前が入った封筒に入れて配るなどした結果、段々と周囲の理解が得られるようになった。

　「『こういう場所を待っていました』とメールをもらったり、『うちの水道を使っていいよ』と仰ってくれている方もいて。近くの精米店からは米ぬかを、ラーメン屋さんからは魚粉を分けてもらえるようになって、堆肥に使ってます。こういった農園は収穫物などのアウトプットに目がいきがちですけど、コミュニティの中でどう混ざり合うことができるかということが一番大切なんです」

　農地としてのタマリバタケは、まず土地の整備から始まった。入り口の柵や階段は世田谷区が手配してくれたが、それ以外はメンバーの手によって進められている。貯水タンクや物置ひとつ置くにしても水平を取るところから始めねばならず、一級建築士の資格を持つメンバーの手を借りる必要があった。当初は農業に詳しいメンバー主導で、パーマカルチャーに由来するキーホールガーデンや協生農法、有機畑などの畑づくりが行われ、すぐに収穫できるという理由からカブなどが植えられた。そのメンバーが世田谷区を離れることになって以降、畑の運用は各自の自主性に任され、現在はミニトマト、バ

中央が「neomura」CFOの武井さん。タマリバタケの運営を通じて知り合う人も多く、交流の輪はどんどん広がっているそうだ

タマリバタケの中心にあるキーホールガーデンや協生農法による畑、有機畑で様々な野菜を育てている

ジル、万願寺とうがらし、ゴーヤ、カボチャなど多岐にわたる。

「実質的にリーダーのような役割になっている人はいますが、明確に決めてはいません。タマリバタケは最近の言葉でいうとDAO（分散型自律組織）なんです。運営役員を決めれば物事は進みやすくなるけど、他の人がアイデアを出しづらくなりますからね」

それぞれが持ってきた種や苗を植え、育てていく。今ではどこに何が生えているのか、すべてを把握しているメンバーはいないという。作物と雑草の区別も危うい部分もあるというが、「協生農法は本来そういうもの」と笑顔で語っていた。

「自分が植えた野菜があれば、気になってちょこちょこ見に来るようになるんですよね。『私のミニトマトはどうかな？』って。そうやってみんなの愛着が湧いてくるんです」

上／収穫された万願寺とうがらし、カボチャ、ゴーヤ、プチトマト。収穫物はメンバーが思い思いに持って帰る。　左下／ジューンベリーの木には、実がなるとたくさんの鳥が集まってきたそう。　右下／ブランコも黒板も、ここに必要なものは基本的に自分たちでつくる

子供たちが自主的に遊べる場をつくることも、不要な縛りのないコミュニティづくりにつながっていく

信頼を得ながら
「コモンズ」へ

　タマリバタケのfacebookグループは480人を超えている。このまま順調に増えていけば、「個人」と「みんな」のバランスをとることは難しくなるのではないだろうか。

　「個人の区画を決めて管理することもできますけど、やりたくないですね。誰かがルールをつくるのではなく、対話していくことで解決法を探っていきたいと思ってます」

　世田谷区とのやり取りもfacebookグループを通じてオープンに行われているという。行政の担当者から連絡を受ける人が固定化された

ら、おのずとその人がリーダー扱いされてしまうからだ。

　世田谷区からは年間予算が支給されており、苗や備品などの購入に充てることができる。しかし、行政との協働事業である以上、自分たちの理念とシステムとの歩調を合わせなければならない。

　「担当の方はとても協力的でありがたいんですけど、やはり年間計画を提出したり、年度末にはその成果をプレゼンしないといけない。そこで採択されないと、このプロジェクトに予算

がつかなくなってしまうので。でも、一度でもタマリバタケに来たことがある人からは『面白い取り組みだね』と評価をいただいてます。やっぱり実際に見ればわかってもらえるんですよ」

　税金を再分配する立場として説明責任を負っている行政と、メンバー各々の自主性で日々変わっていく場所を志向するタマリバタケでは、そもそもの役割が違う。しかし、その違いを尊重することこそが重要なのだろう。タマリバタケは無事に次年度も協働事業として採択された。

　現在は原則、週に一度の活動になっている。

入り口には鍵がかけられており、メンバー以外は入れない。これも後々は変えていきたいポイントだ。

「もっと活発な場所にするには、誰でも入れる開かれた場所にしたいんです。『誰かが勝手に入ってきて作物を持っていったらどうする？』と聞かれたりしますけど、それでいいじゃん！って思ってます（笑）」

　これも、実現には近隣の理解と行政の信頼が不可欠だ。少しずつ実績を積み上げ、ゆくゆくはタマリバタケを「コモンズ」にしていきたいという。

協生菜園のイチジク。植えた覚えのない作物が実を結ぶことも協生農法の醍醐味

「誰のものでもない共有財ですよね。株式会社は株主のものですけど、家族や友達に所有者はいないじゃないですか。そういうオープンな関係性を保つことができるなら、カオスな状態でもいいと思うんです。そうじゃないと、関係性が広がっていかないですから」

　土地を整備しはじめたころ、日本原産の珍しいタンポポが咲いていることがわかった。近所から参加しているメンバーによると、ここは以前植物学者の自宅であり、その名残で他では見ない植物が生えているのだろうということだった。

「こういう歴史があると思うと、もっといい場所にしていきたいと思いますよね」

　自分たちにとって居心地のいい場所を「切り拓く」のではなく、その土地がもつ歴史や背景にふさわしい場所になっていくように豊かな生態系を「育んでいく」。単純に「住宅地で野菜を育てる」ということではなく、コミュニティが成熟していく現場として開かれている農園。タマリバタケは、「公園」という言葉が本来持っている意味、「パブリックな庭園」を体現している存在なのではないだろうか。

（　　創る　　）

タマリバタケ

POINT

- 遊休地をコミュニティ農園として活かす
- あえてリーダーを決めないDAO型の運営
- その土地の歴史も包含しコモンズを目指す

FEATURES

RAINWATER TANK

水道が引かれていない土地なので、雨水を貯めるタンクは必須。近隣の住人が「うちの水道使ってもいいよ」と言ってくれることもあり、コミュニケーションの起点にもなる。

TOOL SHED & SWING

当初「子供たちのボール遊びを禁止すべきでは」という議論になったが、遊具や砂場を設置してそこで遊んでもらうようにした。やみくもに禁止するのではなく、ポジティブに転換する。

PERGOLA

neomuraに一級建築士のメンバーがいたので、必要なものはDIYしてきた。コミュニティメンバーの得意分野を持ち寄ることで豊かな場をみんなでつくり上げる。

DATA

Tamaribatake

場所	東京都世田谷区上野毛2-25
設立	2021年9月
広さ	約220㎡
運営	NPO法人 neomura
予算	行政予算+有志による寄付

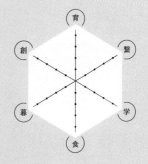

HOW TO
#07

自分の地域にもコミュニティファームをつくりたいけど、
どうやってつくればいいんだろう？
空き地に地域の仲間と行政との協力でつくった「タマリバタケ」を参考に、
コミュニティファームをつくるための大まかな流れを紹介します。

コミュニティファームのつくり方

城田晃希（コミュニティアーティスト）

1
土地・仲間・予算を確保する

身の回りで活用されてない農地や空き地、屋上（芝生が植わっていれば話が早い）を見つけたら、まずは所有者や管理者を調べて交渉。並行して一緒に手伝ってくれる数名のコアな仲間を見つけよう。予算はタマリバタケのように行政予算他、大学予算や所有企業、助成金等を調べてみる。

2
観察・デザインする

土地と仲間、予算が確保できたら、その場所をじっくりと観察しよう。場にある資源と仲間がもっている資源（知識やスキル、創造性も大切な再生可能な資源）をつなぎあわせて、みんながワクワクするデザインを描いてみる。

（　創 る　）

3

畑をつくる・植える

デザイン計画ができたら、畑づくり。まずは根っこを抜いて、集めて堆肥に。畑ができたらみんなで種や苗を植えよう。みんなでやれば早くできるし、一緒に手を動かすことで結束も愛着も深まり一石二鳥。

4

設備・遊び場をつくる

畑ができたら、休めたり遊べる場所もほしい。タマリバタケではベンチや日除けのパーゴラ、子供のためのブランコや雨水タンクもDIY。コンポストと並んでピザ窯も多くのファームに見られるアイテムのひとつ。

5

収穫を祝う・継続させる

収穫時にはみんなでお祝いしよう。自分たちで育てた野菜は格別だし、みんなで味わえばもっと楽しい。SNSやアプリ等も活用してメンバーの自発性や楽しさを大切にしていくのが継続のためのポイント。

しろた・こうき／コミュニティアーティスト。タマリバタケのコミュニティマネージャー。アートを用いてコミュニティの活性化や新しい価値の創造を目指す「コミュニティアート」を追求するため、世田谷区を中心に活動中。

Shinjuku Farm

「畑がある駅」から広がる新しい価値

（　創　る　）

yoを食べられる森にしよう　Shinjuku Farm

新宿と縁の深い江戸東京野菜「内藤とうがらし」。共に植えられたマリーゴールドとバックに飾られたアートボードが映える

伝統野菜がつないだ
プロジェクト

　JR新宿駅の東口を出てすぐ、駅前広場の一角に「Shinjuku Farm」はある。江戸東京野菜にも認定されている「内藤とうがらし」とマリーゴールドが植えられており、赤と黄色のコントラストがなんとも鮮やかだ。

　元々はロータリークラブなど街のボランティアが管理する植え込みだったが、2021年からは新宿駅の管轄に。この場所をあらためて有効活用するために発足したのが、「Shinjuku Farm Project」。新宿駅社員の中島秀典さんは「地元の方々との普遍的なつながりを模索している」と語る。

　「新宿駅周辺も再開発というか姿を変えていくなかで、より地域と連携していく必要を感じていました。ちょうどその頃に内藤とうがらしを広げる活動をしている『内藤とうがらしプロジェクト』の方から、新宿駅でPRできないかという相談をお受けしました。だったらあの植え込みを畑にして栽培してみませんかと提案したんです。とても共感していただいて、Shinjuku Farmがスタートしました」

　内藤とうがらしは、江戸時代に宿場町だった内藤宿で育てられていた八房とうがらし。蕎麦にかける七味唐辛子に使われ庶民の間で広く親しまれるも、内藤宿の発展・人口増加に伴い畑が減少。いつしか絶滅してしまっていたものを、江戸の食文化を現代に伝える活動をしている市民グループが再発見し、ブランド野菜として復活した。新宿という土地の起源が刻み込まれている内藤とうがらしは、地域の玄関口である駅前で栽培されるのにまさにうってつけの野菜なのだ。

　とはいえ、畑づくりのノウハウなどもちろん新宿駅にはない。これも地域とのつながりをたどり、協力を得ながら一歩一歩獲得していった。

　「内藤とうがらしプロジェクトの方々にいろいろと相談しながら進めていきました。新宿中央公園の管理事務所とつないでいただいて、そこから中央公園に入っている造園会社の昭和造園さんを紹介していただきました。また、プロトリーフさんからは畑の土を提供していただき、Tokyo Urban Farming（TUF）の方々には畑のサイン計画や広報などの面でご協力いただいて、このプロジェクトが実現しました」

　畑を囲む木材は、JRの線路で使われていた枕木が再利用されている。現在はコンクリート製の枕木が増えてきているようで、線路などの管理・保守をする保線技術センターでは予備用の枕木が自社用地の片隅に置かれている状態だったという。JRらしさのある畑にするためにその枕木を譲り受け、社員の手で切り出し、防腐剤や塗料を塗った。「JRに入社して、まさかこういった作業をする日が来るとは思っていませんでした」と中島さんは笑う。

中島さんをはじめ、Shinjuku Farmを運営するJR新宿駅のメンバー。鉄道事業の傍ら農園に関わるのは新鮮とのこと

左上／土中の水の量は土壌水分計を見て確認する。数値化することで、素人でも栽培に携わることができる。　左下／新宿が「内藤新宿」と呼ばれていた江戸時代に蕎麦の薬味としてブームを起こした内藤とうがらし　右／駅前にファームがあることで、密で穏やかなコミュニケーションの起点になる

「野菜を育てる」だけでは
終わらない広がり

　Shinjuku Farm の日々の水やりなどは新宿駅の社員以外に、すぐ近くにある都立新宿高校の生徒たちも参加している。

　「新宿高校の生徒有志で毎年、学校の花壇で内藤とうがらしを育てているそうなんです。馴染みのある野菜ですし、参加をお願いしたら快諾していただけました。硬式野球部、サッカー部、女子バスケットボール部、女子バレー部の4部のみなさんが、夏休みの暑い中でも部活の合間に水やりしてくれて。若い世代とも交流を持てたのは、大きな財産ですね」

　新宿高校の生徒たちにとっても、駅の真ん前にある畑に関わり、そこで作物が育っていく様子を目の当たりにできることは非常に大きな体験になるだろう。毎日通っている場所はほかでもない自分の手が入った土地なのだ、という実感は、翻って自分の人生に当事者性と愛着を持たせてくれるはずだ。

　2022年11月3日には収穫祭として「Shinjuku Farm Project ～秋の祭典～」が行われ、TUF とともにアーティストの岩切章悟さんと市民による共同アート制作と新宿高校の軽音楽部、管弦楽部、音楽部、ダンス部、チアリーディング部による公演を実施した（P.214）。

　また、東京調理製菓専門学校もこのプロジェクトに参加しており、内藤とうがらしを使ったスイーツのレシピを考案。それが「新宿どら焼き」として商品化され、NEWoMan新宿の和菓子セレクトショップで販売された。

　「畑を中心にどんどん横に広がっていけばいい

なと思っています。ファーミングに限らず、みなさんが新しい価値を見出して、いろいろな活動に枝分かれしていく可能性を持っているんです」

　思いがけない副産物もあった。植え込みだった頃は空き缶やタバコの吸い殻などが大量にポイ捨てされていたのが、劇的に減ったのだ。やはり食べられるものが植えてある場所にはゴミを捨てづらいのだろう。畑を通して、コミュニケーションの輪も広がっているそうだ。

「社員が水やりをしていると『何を育ててるんですか?』と通りかかった方から声をかけていただくことも多いんです。東口の交番の駐在さんからも『どれくらい育ったんですか?』なんて話しかけてもらったり。今まではトラブルがあったときしか接点がなかったので、平和なときに

お話しするのは新鮮ですね（笑）」

　初対面同士が面と向かって話すのはなかなかハードルが高いが、そこに畑があるだけで共通の話題が生まれる。いい距離感を保ちつつ、「いいお天気ですね」よりも少しだけ具体的で一歩踏み込んだコミュニケーションは心地が良い。

「今まで鉄道のことしかやってこなかったので、こうやって多くの企業や地域の方と関わることで様々なことを学ばせていただいていると強く感じています。Shinjuku Farmはこれで完成ではなく、みなさんに手を加えていただいて、いろんなものが追加されて出来上がっていくんだと思います。とうがらしだけじゃなく、この畑自体も成長していけるような取り組みを実現させたいですね」

上／Shinjuku Farmの制作過程。畑の土は株式会社プロトリーフが提供。　左上／青々としげる内藤とうがらしの葉は葉唐辛子として様々な料理に使える。　左下／普段使っている駅の目の前にあるファームがあること、その収穫に自分が携わったことは、子供たちのシティブライドも育んでいく。　右下／内藤とうがらしを現代に復活させた立役者、成田重行さん

（　創る　）

Shinjuku Farm

POINT

- 都心駅前の小さなコミュニティファーム
- 地域の人と共に創り、変化しつづける
- 畑を通じたつながりから商品開発やイベントも

FEATURES

RECYCLE

なかなか再利用しづらい線路の枕木からできている木枠。「新宿駅の畑」のアイデンティティを形づくっている。

EDO TOKYO VEGETABLES

江戸時代から人々の食生活を支えてきた江戸東京野菜。絶滅しかけていたが、また普及させようとする活動が活発になっている。

ART

1日に何万人も行き交う新宿駅なので、アートの伝播力と掛け合わせることでファームの魅力をアピールする絶好の場所になる。

DATA

Shinjuku Farm

場所	JR東日本 新宿駅東口駅前
設立	2022年4月
広さ	4.8㎡
運営	JR東日本 新宿駅
予算	企業予算

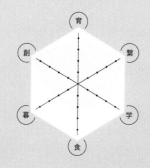

Shinjuku Farm Art

Tokyo Urban Farming & 岩切章悟（アーティスト）

左上／JR新宿駅新南改札前のSuicaのペンギン広場で岩切章悟さんと多様なメンバーが揃い、公開アート制作。
右上／まずはShinjuku Farmに植えられる予定の野菜を黒色で描き、その上に各自が思い思いの色を載せていく。
左下／中央に来るのは太陽のイメージ。　右下／完成したボードをみんなで畑に設置。
右ページ上／新宿駅新南改札前で完成したボードを手に。　下／黒色の上に様々な色を重ね、完成間近の太陽

　　Shinjuku Farmは完成がゴールではなく、そこから新たな関係性を育み成長するところに魅力がある。

　　JR新宿駅東口駅前交番前の小さな畑をきっかけに、駅社員や内藤とうがらしプロジェクト、都立新宿高等学校、東京調理製菓専門学校の生徒たちがつながり、共に内藤とうがらしを栽培するだけでなく、とうがらしを使ったピリリと辛いスイーツ「新宿どら焼き」も生まれ、NEWoMan新宿で販売された。

　　そして、とうがらしの収穫を祝う2022年秋に新宿駅新南口駅前の広場で実施されたのが、新宿高校の生徒たちによる公演と、アーティスト・岩切章悟さんと参加者の協働による公開アート制作だ。描くモチーフは、畑に植えていた内藤とうがらしをはじめ、これから植える可能性のあるカブ、アスパラガスなど。岩切さんと駅社員、TUFメンバーと一緒にカット&ペイントした板の上に思い思いの色を載せ、完成したところで、駅長さんも一緒に畑に設置した。

　　都会の中心のほんの小さな畑が様々な人のつながりと創造を生み出す土壌となる。この新宿モデルが今後、様々な遊休地に広がっていくことを期待したい。

いわきり・しょうご／アーティスト、壁画家。未知の環境から得る感覚をイメージにして絵を描く製作を好み、数十カ国もの国に絵を描く旅をする。なかでもラテンアメリカ先住民文化に強く影響を受け、その経験が自身の絵画世界の中にも大きく反映されている。

ファーミングから駅の個性を取り戻す

服部暁文

東日本旅客鉄道株式会社

トマトの苗から
新たな循環を掘り起こす

Shinjuku Farm（P.206）をはじめ、JRの駅では農に関する取り組みが増えてきている。鉄道会社と農、交わることがなさそうなこの2つの中心にいるのがJR東日本マーケティング本部の服部暁文さんだ。服部さんは大学では建築を専攻し、東京の地形と鉄道駅が人々の生活に与える影響を研究。JR東日本入社後もスウェーデンとフィンランドに留学し、大学院で持続可能な都市デザインの系譜を学んだ。

「JR東日本はもちろん安心・安全な鉄道運行が第一の会社ではあるんですが、その上でお客さまの暮らしをどのように豊かにしていくか、について考える仕事をしています。駅に『電車に乗り降りする場所』というだけではない新しい役割をつくり出す。その活かし方を模索し具現化するために、『東京感動線』というブランドを2018年に立ち上げました」

ここでいう役割とは、お客さまと共に消費行動に止まらない社会的創造にコミットする方法の提案。駅に向かう前よりも、駅から帰ってきたときの方が少しだけ生活が豊かになるような視点をお客さまと分かち合うためのものだ。

そんな東京感動線の一環として、Tokyo Urban Farming（TUF）との協働から生まれたプロジェクトが「駅からFARMing」。都心で農体験を楽しむきっかけづくりや、駅が地域内のつながりの拠点となることなどを目的としている。その第一弾として2021年4月、高輪ゲートウェイ駅でトマトの苗と培養土が無料配布された。株式会社プロトリーフとカゴメ株式会社との連携だ。

「まず、駅で生ものを配るというのが面白いと思いました。駅はどこかに行って帰ってくる、その中継地点としての機能がありますが、そこに苗をもらうというイベントが加味されることで、その機能があらぬ方向に拡張されますよね。この苗どうしようってなる。捨てられないし（笑）。未来を想像する機会になる。コロナ禍での実験的試みでしたが、社内的にも応援してくれる声が増えました」

カゴメ株式会社の協力で、苗で育ったトマトを使った料理教室を実施する予定だったが、これもコロナ禍で中止になってしまう。しかし、服部さんは「むしろつながりの本質は食物を育てる経緯にある」と感じたそうだ。

「苗の育成状況も各家庭で違うと思うので、

建築と都市デザインを学び、北欧に留学した経験をベースに、JRという大企業で新しい試みを次々と仕掛ける服部さん

ホーム上のCO₂や金属粉が、苔にとっては養分になる

『この日に食べましょう』というよりもそれぞれの
タイミングにお任せしてもいいのかなと。ただ、
育て方はもっと積極的にサポートできたら面白
くなるかなと思いました。実は、山手線の内側に
ホームセンターがほとんどないんですよ。現在
の東京の真ん中では、土もプランターも買うの
が難しい。この苗を持って帰ったことによって
そういったことに気がついて、どこかの企業や
自治体が土を循環させる取り組みを始めるかも
しれない。そうすれば自ずと土に触れる機会も
増えますし、ファーミングの普及にもつながって
いきますよね。規模は小さかったですが、意義
深いイベントになる可能性がある思います」
　こうやって少しでも「育てる側＝生産者」に
なってみると、いかに自分が消費者として産業
構造・サプライチェーンに組み込まれているか
を客観的に認識する機会にもなるという。
　「この構造の中で生産しようと思ったら、いつも
と違う行動を取らなくちゃならない。でも、そう

やって行動することによって企業を動かすこと
もできると思いますし、それが環境問題や
SDGsにもつながっていくと思います」

すべての駅にファームを

　続いてがShinjuku Farm。ただの土地では単
に管理の手間がかかってしまう。そこに野菜を植
え、地域のネットワークへと変換することで、手間
が価値になることを服部さんは意識したという。
　「Shinjuku Farmでは新宿駅の社員が主体
的にすごく頑張ってくれました。他の駅前にも
遊休地は多いんですよ。新宿駅を成功事例とし
て、どんどん増やしていきたいです」
　渋谷駅には、また違ったコンセプトのファー
ムがある。3・4番線から新南改札へつながる
通路やホーム跡地を「渋谷駅0番線」と称し、コ
ケや植物アートを栽培しているのだ。
　「今の社会には、これまでの産業がつくってき

（　創る　）

左・右上／世界でも有数の乗降客数を誇る渋谷駅の「すきま」から地球環境を想像する0番線。毎日訪れる駅は、生活を見つめ直すにはうってつけの場所だ。　右下／新大久保駅「Kimchi, Durian, Cardamom,,,」3Fのシェアダイニング

たものすごく硬い構造があると思うんですね。それをいかに変えていくかという段階でCSV（共有価値の創造）が重要になってくる。そういった企業のCSV活動を効果的に発表できる場所をつくりたいという発想からスタートしています。変なモノゴトに事業価値を見出す視点です」

渋谷という多くの耳目を集めやすい場所の特性にも合致しており、企業や自治体、大学とタイアップしたグリーンアートやワークショップなども企画されている。

現状、渋谷駅0番線は雨除けの屋根により日光が当たりづらく、駅構内であるため、浄化作用や鉄粉を吸着する性質があるコケが育ちやすい。そうした環境と人間と植物との関係性に気がつく契機にしたい。一方で、再生エネルギーを使って、LEDでトマトやハーブを育てる設備の導入も検討してみたいという。

「長期的な展望としては、すべての駅にファームを置きたい。持ち寄り型にしても面白いです

よね。はじめから全部用意されているのではなく、参加者それぞれ持ってきて育てるような。例えば、家庭からコンポストでつくった堆肥を持ってくるとか、逆に駅のコンポストに生ごみを持ってきて堆肥を持ち帰るとか。

駅周辺のエリアにはそれぞれ個性があるんですけど、駅前には同じようなお店が並んでいるんですよね。どの駅で降りても同じような体験しかできなくなっている。アーバンファーミングを通して、この個性を取り戻していきたいです」

すでに、新大久保駅にはフードラボ「Kimchi, Durian, Cardamom,,,（キムチ, ドリアン, カルダモン,,,）」があったり、西日暮里駅には棚貸し書店「BOOK APARTMENT」があったり、上野駅を拠点とした山手線美術館構想「Yamanote Line Museum」であったりと、ファーミングに限らず挑戦的な活動が展開されている。駅の魅力を五感すべてで堪能できる日がやってくるのは、そう遠くない未来かもしれない。

駅からFARMing

駅がただの移動のための場所ではなく、苗を配ってアーバンファーミングのきっかけの場になれたら?――Tokyo Urban Farmingキックオフセッションでの、JR東日本の服部暁文さんと園芸培養土メーカー、株式会社プロトリーフの副社長・加能裕一郎さんの会話から生まれた「駅からFARMing」。多数の企業の協力のもと、東京駅、高輪ゲートウェイ駅、渋谷駅で、無料でトマトの苗やジャガイモ等の苗を配布するイベントが毎年行われている。告知ポスターは、野菜から絞った汁を使用した"野菜拓"で制作。緑のピーマンはちょうど山手線の形に。キャベツや玉ネギ、レンコン等の野菜拓では「東京」の文字を形づくった、手づくりのシンプルなデザイン。

仕事や学校帰りに駅でもらった苗を持ち帰って育てれば、アーバンファーマーへの第一歩。現代の「花咲か爺さん」のように都会の真ん中で暮らしを豊かにする苗を配る。そんな再生型ライフスタイルの動きが始まっている。

Tokyo Urban Farming

上／上記の駅をはじめ秋葉原駅等、山手線の駅各所に掲示された"野菜拓"のポスター。　下／左から、高輪ゲートウェイ駅、渋谷駅、東京駅。駅長さんやカゴメ、プロトリーフ、エスビー食品、アース製薬の社員と共に土や苗を無料で配布

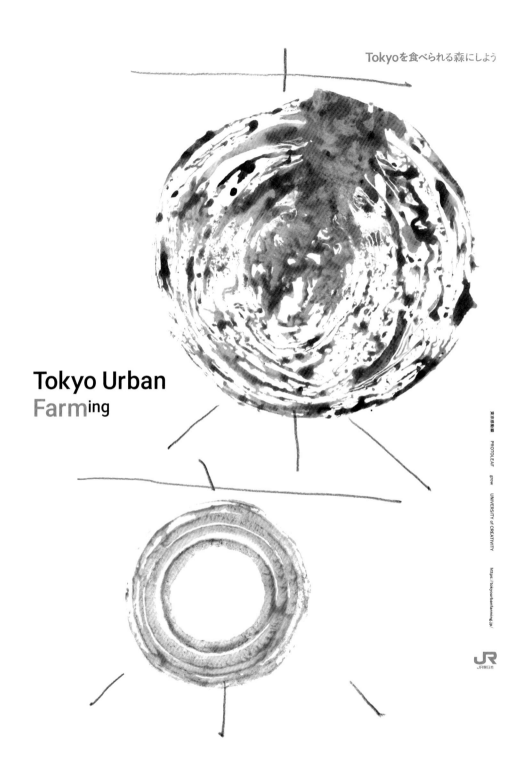

Tokyo Urban
Farm^{ing}

東京農動器　PROTOLEAF　grow　UNIVERSITY of CREATIVITY　https://tokyourbanfarming.jp/

JR
JR東日本

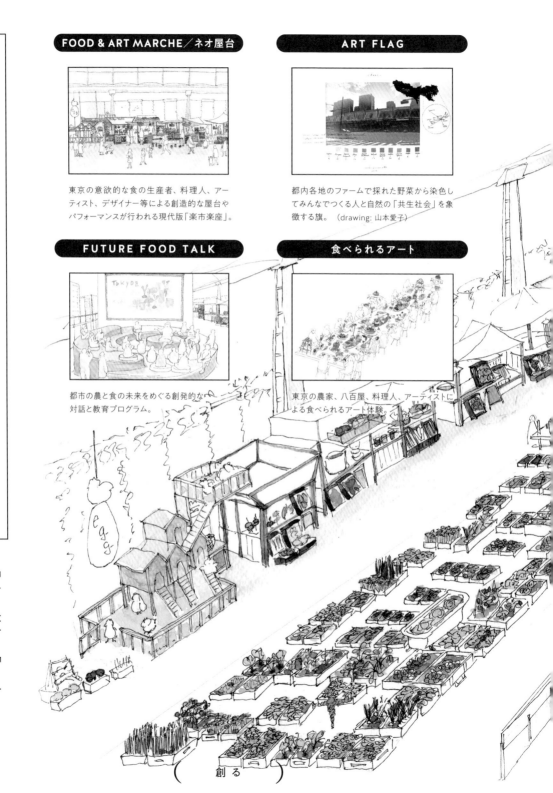

「TOKYO ART FARM（仮）」@東京ビエンナーレ2023 ── Tokyo Urban Farming team

FOOD & ART MARCHE／ネオ屋台

東京の意欲的な食の生産者、料理人、アーティスト、デザイナー等による創造的な屋台やパフォーマンスが行われる現代版「楽市楽座」。

ART FLAG

都内各地のファームで採れた野菜から染色してみんなでつくる人と自然の「共生社会」を象徴する旗。 （drawing: 山本愛子）

FUTURE FOOD TALK

都市の農と食の未来をめぐる創発的な対話と教育プログラム。

食べられるアート

東京の農家、八百屋、料理人、アーティストによる食べられるアート体験。

egg

（ 創 る ）

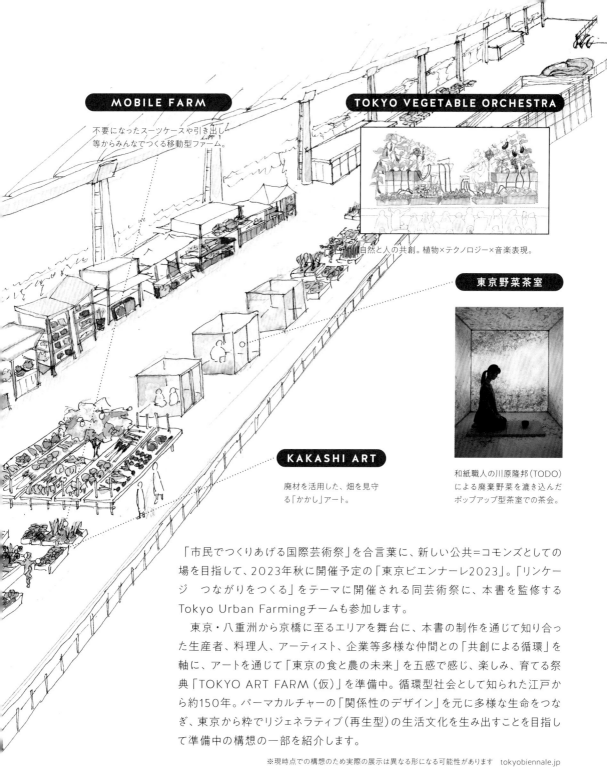

MOBILE FARM

不要になったスーツケースや引き出し
等からみんなでつくる移動型ファーム。

TOKYO VEGETABLE ORCHESTRA

自然と人の共創。植物×テクノロジー×音楽表現。

東京野菜茶室

和紙職人の川原隆邦（TODO）
による廃棄野菜を漉き込んだ
ポップアップ型茶室での茶会。

KAKASHI ART

廃材を活用した、畑を見守
る「かかし」アート。

「市民でつくりあげる国際芸術祭」を合言葉に、新しい公共＝コモンズとしての
場を目指して、2023年秋に開催予定の「東京ビエンナーレ2023」。「リンケー
ジ　つながりをつくる」をテーマに開催される同芸術祭に、本書を監修する
Tokyo Urban Farmingチームも参加します。

　東京・八重洲から京橋に至るエリアを舞台に、本書の制作を通じて知り合っ
た生産者、料理人、アーティスト、企業等多様な仲間との「共創による循環」を
軸に、アートを通じて「東京の食と農の未来」を五感で感じ、楽しみ、育てる祭
典「TOKYO ART FARM（仮）」を準備中。循環型社会として知られた江戸か
ら約150年。パーマカルチャーの「関係性のデザイン」を元に多様な生命をつな
ぎ、東京から粋でリジェネラティブ（再生型）の生活文化を生み出すことを目指し
て準備中の構想の一部を紹介します。

※現時点での構想のため実際の展示は異なる形になる可能性があります　tokyobiennale.jp

drawing：窪田早希

大村　淳（パーマカルチャーデザイナー）

様々ないきものたちと共につくる
フォレストガーデン

フォレストガーデンとは、自然界にある「若い森」をモデルに、食べ物をはじめとする多様な人の暮らしのニーズを満たす森をデザインし、人もいきものも自然も豊かにしていく手法です。

都市生活の中で食べ物をつくることを想像したとき、多くの人は「つくる場所がない」と思うかもしれません。また、様々な農法や栽培方法などが溢れるなか、何が正しくて、自分のスタイルに合うのか迷う方もいるでしょう。

パーマカルチャーでは、「モノカルチャー＝これしかない」から「ポリカルチャー＝あれもこれもある」という多様性をもった豊かさを生み出す空間、「森」をつくることを目指します。アーバンファーミングをするとき、こんな「森の視点」をもってみると、自分の暮らす場所が面白いものとして見えてくるかもしれません。

例えば自分の暮らす街をよく眺めてみると、「森」に暮らす多様な植物が都市の隙間で暮らしていることを発見できます。こうした植物たちのように、自分が暮らす場所に食べたい植物を集めてみたら、どんな「森」をデザインすることができるでしょうか。

フォレストガーデンは、「ひとつの場所に9つの畑を重ねる」と表現されることがあります。狭い土地に様々な植物が入り込み森を形成するように。人が暮らすことによって上へ上へと高密度に発展した都市空間のように。フォレストガーデンは立体的に空間を使い、森のような菜園をつくっていきます。

限られた場所だからこそ森の植物たちのように、空間をうまく使い分ける＝棲み分けることで、都市の限られたスペースでもアパートの部屋の中でも、食べられるものをつくれる可能性が広がります。

「農園」と「採集」を
組み合わせてつくる

丁寧に人が手をかけて誰かに食べてもらうものを生み出すFarm（農園）、野生の中で育ち人がそれを収穫していただくforaging（採集）。一方、フォレストガーデンは、人が手をかけたものと自然が手をかけたものがつながって生み出されるGarden（菜園）です。主には病害虫に強く、多くのケアを必要としない樹木・多年草や山菜といった野生に近い植物を植えることをお勧めしています。「植えて育てたらあとは収穫することがメンテナンス」という状態を生み出せるからです。こうした採集型農園・菜園をつくることで、時間・労力・使用エネルギーのコストを下げることもできます。

人の手と自然の手が生み出した豊かさを味わえることもフォレストガーデンの贅沢さです。

（　　創る　　）

おおむら・じゅん／静岡県立大学 非常勤講師/未来づくりフェロー、佐鳴台小学校ESD教育特別講師。Permaculture Design Lab.の共同代表として、パーマカルチャーのコミュニティづくりや、個人宅のデザイン、施行にも携わっている。

そして「すべてを自分たちで生み出すことができない」ということを知ることで、食べ物を支えてくれている農園という存在の大切さもあらためて実感できます。

またフォレストガーデンは、そこで暮らす人が求める暮らし方によってその姿を変えていきます。食べることが好きなら食べられる森を、ハーブや薬草が好きなら身体と心がケアされる森を。美しさを味わいたいなら花や様々な葉の形に彩られた森を。建築家なら未来の世代のための建築材の森をつくるかもしれません。

そのニーズの多様性は、人と共に様々な虫や鳥、動物をその場に惹きつけます。それらは競合するときもあるかもしれませんが、自然を共にシェアしているという感覚も芽生え、繊細になる感性を都市空間で育ませてくれます。

もし、1人ひとりが自分自身のための小さな森のような菜園をつくっていったとしたら――自分たちが暮らしている街が様々な豊かさの色彩に溢れた、様々な命がいきいきと暮らしている街が生まれていくかもしれません。

現代社会が抱えるシステムの問題は、人が生きていくために必要不可欠な要素を再生不能、利用不能にしていくところにあります。水・土地・様々ないきものたちが次々と失われていくこの現状を深く深く見つめていくと、実のところ豊かになっているのではなく貧しくなっているのではないでしょうか。

こうした持続不可能性と欠乏の世界を超えるために必要なこと。それは、森のように様々な植物や命を増やし、そこで人も暮らしていくこと。自然も人もいきものも豊かになる暮らしとして、今ここでできる『ガーデニング』が壊れた世界にあたらしい世界をつくっていく。

今この瞬間にも、あらゆる命がこの星でガーデニングをしている。植物や自然に触れていくみなさんの手から、あらゆるいきものが大切にされる世界のはじまりになることを願っています。

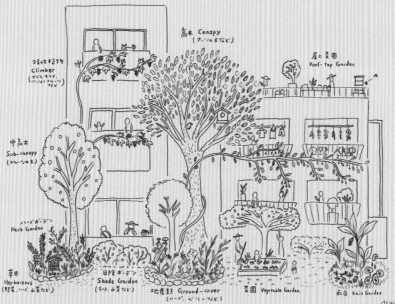

drawing：川村若菜

秘境と呼ぶほど人里離れた山奥ではなく、
ほんのちょっと街道筋からそれた場所に、
今でも「かくれ里」の名にふさわしいような、
ひっそりとした真空地帯があり、
そういう所を歩くのが、私は好きなのである。

——白洲正子『かくれ里』

都市と田舎の循環

アーバンファーミングを生活に取り入れてみたいけど、
都市の身の回りにはそんな場所はないという人には、
少し足を伸ばして田舎に通うのもひとつの方法だ。
人は多いが自然の少ない都市と、自然は豊かだが人の少ない田舎、
双方で人が循環することで、田舎も都市も再生されていく。
そんな2拠点暮らし一歩前の手軽なライフスタイルが始まっている。

KURKKU FIELDS

いのちの手触りと
サステナブルな未来

　東京から車で約1時間半。千葉県木更津市の東京ドーム6個分もの広大な敷地に、農と食、アートと自然の循環を体験できるサステナブル・ファーム＆パーク、KURKKU FIELDS（クルックフィールズ）はある。

　2001年のニューヨーク同時多発テロをきっかけに「循環」について自覚的に考えるようになったという総合プロデューサーの小林武史さんは、持続可能な社会に向けた実践の場としてKURKKUというプロジェクトを立ち上げ、2010年からこの地ですべての根幹である一次産業／農場を開始。様々な人のクリエイティビティと共に育ててきたこの場を「ひとつの集大成」と呼ぶ。そんな小林さんに立ち上げ当初に誘われ、荒地だった土地を開墾して有機野菜をつくり続けてきた農場長・農業体験リーダーの伊藤雅史さんと一緒に敷地内を歩くと、すべてがひとつの環でつながっていることを実感する。

　堆肥場では、敷地内で飼われている水牛の糞が時間をかけて完熟堆肥となり、鼻を近づけても異臭どころか、森の香りがする。その堆肥を

千葉県木更津市の山間にあるク
ルックフィールズの全景。広大な敷
地に循環型のオーガニックファー
ムや酪農場、アート、レストラン、
ショップ、宿泊施設、図書館等が
点在しており、人は自然の循環の
一部であることを体感できる

大地の一部のような、非オブジェクト的なあり方を目指して、中村拓志さんが設計
した地中図書館。選書はブックピックオーケストラの川上洋平さんが担当

栄養に、畑ではジャガイモ、玉ネギ、スティックセニョールなど季節ごとの有機野菜が元気に育つ。そんな僕らの脇を、BBQピットがゆっくり通り過ぎる。場内の排水はバイオジオフィルターでろ過されており、きれいな水から育った大量のクレソンをひと摘みいただく。美味しい！ そんなフレッシュな野菜や国内産の餌にこだわった鶏から産まれる新鮮な卵、農場周辺で捕獲したジビエのソーセージなどが施設内のレストランで味わえる。

敷地内の太陽光パネルでは場内で使用する電力のおよそ8割を発電し、牛舎を改装した倉庫やスパイラルガーデンやアートが立ち並び、子供たちもたくさん訪れる。そんな子供のために、近隣の山から切り出した竹でつくった巨大ブランコ、土地の斜面をうまく活用した滑り台もある。さらに、草間彌生のアート作品、タイニーハウスと呼ばれる宿泊施設もある。圧巻は、「微生物が植物を育むように、本が養分となり、未来につながっていく人たちの支えになる」ことを目指してつくられた、メンバー専用施設の地中図書館。地中にひっそりと佇む本の森は、何日も籠もって読書に浸りたくなるような、ほっこりとした気持ち良さ。

自然界がそうであるように、ここでは人間だけでなく、微生物や動物、様々なエネルギーや創造性がつながり、無駄なく循環している。そして、ゆっくりと自然のペースで多様な人が関わることでこの場の豊かさが増していく。まさしくリジェネラティブ（再生）な農場であり、特定の誰かによる人工的なテーマパークではなく、誰もが体験し、遊び、学べる場。そんな自律分散型の未来がここから日本中、世界中に広がっていく希望を感じた。

草間彌生 新たなる空間への道標
《GUIDEPOST TO THE NEW WORLD》2016年
Courtesy of Ota Fine Arts ©Yayoi Kusama

左上／オーガニックファームでニンジンをチェックする農場長の伊藤さん（左）と新井さん（右）。　右上／約30頭の牛たちがのびのびと暮らす酪農場。　左下／熱々の焼き芋やBBQのできるBBQピット。耕運機で牽引できる。　右下／草間彌生、新たなる空間への道標《GUIDEPOST TO THE NEW WORLD》。　左／敷地内にあるレストランではファームで採れた新鮮な野菜やピザが味わえる

小さな地球

人と人、人と自然、
都会と田舎をつないで
共につくる「いのちの彫刻」

　千葉県鴨川市の山間部にある釜沼集落。
1000年続く棚田や炭焼き小屋等、日本の原
風景が残る里山だ。この地に海外放浪を経て
1999年に移住、高齢化が進む集落に都会から
様々な大学、企業、NPO等を呼び込み、「地縁
血縁を超えたみんなのふるさと」として育てて
きたのが、林良樹さんだ。2019年、台風15号で
の被災を機に、新たに里山付き古民家や空家
を引き継ぎ、保全から創造へ。里山に「小さな
地球」を共創しようと動き始めた。
　「小さな地球」とは、里山の時間と空間をみん
なのコモンズ（共有財）として、人と人、人と自
然、田舎と都会をつなぎ、共に創ろうとしている
新しい持続可能な社会モデルだ。林さんはそ
れを「いのちの彫刻」と呼ぶ。「僕らは自分自身
の"LIFE（生命・生活・人生）"を使って、地
球に『いのちの彫刻』を創造する『いのちの彫
刻家』です。あらゆる生命が地球に必要である
ように、僕ら一人ひとりにも役割があり、すべて
の人はアーティストです」。
　アーティスト、ヨーゼフ・ボイスが提唱した

千葉県鴨川市の里山には、都会から様々な大学、企業、NPO等が集う。写真は筆者の所属するUoC（UNIVERSITY of CREATIVITY）のゼミ合宿での田植え時のもの。奥には古民家を改装したカフェもある

左上／都市と農村を行き来する新しい働き方のシンボル「棚田オフィス」。(株)良品計画が2016年のHOUSE VISIONに展示後、釜沼の棚田の上に移築。設計はアトリエ・ワンの塚本由晴さん。　右上／「棚田オフィス」の横には、無印良品の社員と一般の参加者が共につくった能舞台のようなウッドデッキもあり、朝ヨガには最適。　左下／裏の竹林から収穫した大量の竹の子を薪で豪快に釜茹で。　右／「棚田オフィス」の目前には(株)良品計画と林さんのNPO法人うずが共に「無印良品　鴨川里山トラスト」として保全する1000年続く美しい天水棚田が広がっている

　　　　　都市と田舎の循環

農家・アーティスト・NPO法人
うず理事長・一般社団法人小さ
な地球代表理事の林 良樹さん

「社会彫刻」の概念を引き継ぐこの場所に筆者も毎年UoCのゼミ合宿で訪れては、棚田を見下ろす「未来のオフィス」を見学したり、田植えをしたり、里山と都会をつなぐ構想をみんなで考えるなど、文字通り地に足をつけて自然の多様性や循環を感じながら、これからの社会創造を考えるための土台としてきた。

面白いのはここに来るたび、いつも何か新しいものが生まれていることだ。ほぼ毎週訪れている小さな地球理事であり東京工業大学大学院教授の塚本由晴さんと研究室の学生が古民家を改修してカフェをつくっていたり、蔵をギャラリーとして生まれ変わらせていたり。明治大学の川島範久研究室が蔵にサウナをつくっていたり、棚田でファッションショーや森のリトリートが開催されていたりする。

「やりたい人がやりたいだけ。ヒトが本来持っている、ヒトに何かをしてあげたい気持ちや、してもらいたい気持ちを、ルールや規則で縛らず

にそっとそのままにしておきたい。そうした気持ちは簡単にこぼれ落ちてしまうから」とは副理事の福岡達也さんの言葉。そんな彼と共に都会から移住した妻の梓さんも思い立って鴨川市議会議員に立候補し、見事当選。里山を拠点に、政治を通して未来を創造していこうとしている。

いつも「お金は全然ない」と言って笑う林さんだが、「小さな地球」というビジョンに筆者を含め様々な人が引き寄せられ、それぞれのやりたいことや創造性、場の資源がつながり、支え合うことで新たなものが生まれていく。塚本さんが言う通り、ここは「誰かが『やりたい』と言えば、皆で協力して実現していくので、可能性を原理に生きられる」場であり、「里山を整えて行くと、自分も整う。里山の再生は、人間の再生でもある」のだ。

人も、地球も、持続可能な社会に向けて。里山と都会がつながる「やさしい革命」が始まっている。

AFTERWORD

アーバンファーミングという、都市のリジェネラティブ（再生型）な農的ライフスタイル。

東京に生まれ育ち、世界の都市を旅して就職後もニューヨークで現代アートを学ぶなど、創造性を追求してきた自分が近年これほど「農」に惹かれていくとは思いもしなかった。

最初のきっかけは、新潟県越後妻有で開催された「大地の芸術祭」を訪れた時のこと。里山に点在するアートを通して周囲の棚田や古民家等の美しさに驚き、裸で川に飛び込んだ瞬間、「人は自然に内包される」ことを体感し、自分の中で何かが切り替わったのだと思う。その後、パーマカルチャーという自然の摂理を基にしたデザインに出会い、編集した書籍『都会からはじまる新しい生き方のデザイン』をKYODO HOUSEで少しずつ実践していったぼくが、アーバンファーミングに心から癒されたのは約3年前、東京に1回目の緊急事態宣言が発令された頃のことだった。

ニューヨークを訪れていた父がコロナに感染し、現地で緊急入院。家族一同、父と画面越しにしか会えないまま、わずか一週間あまりでの急逝…。このあとがきを書いている今と同じく新緑が一斉に芽吹き、新たな生命の誕生を感じる季節だったのがせめてもの救いだった。日々、悲しみを振り払うかのように、隣に住む母と妹とひたすら屋上にプランターをつくり、土に触り、種をまき、苗を植えることで少しずつ癒されていった。

折しもUNIVERSITY of CREATIVITY（UoC）の設立準備中で、気候危機や生物多様性の減少等の課題に対し、持続可能な社会の創造に向けて何をしていくべきか考えていたなかで、どこか石油化学業界で高度経済成長期を走り抜けた父から、「わしの次の時代を創れ！」とバトンを渡された気がした。経済成長一辺倒の時代から、自然や文化とバランスのとれた持続可能な成熟社会へ。娘の世代以降に少しでもマシな社会を残していくためにも、先の書籍を発展させてアーバンファーミングというライフスタイルを広め、人、地域、都市、地球を「再生」していくことを自分のミッションのように感じたのだ。

そしてTokyo Urban Farmingを発足して活動するなかで出版社から話をいただき、UoCのゼミ生と共にリサーチを進めてチームで取材・制作してきたこの1年余り。都内の様々なコミュニティファームで出会った熱い仲間たちとの対話やクラウドファンディングで応援してくれた240名の仲間からのメッセージに勇気と希望をいただきながら、この方向性への思いは確信に変わっていった。

UoCのゼミやセッションでよく「本気の3.5%が世界を変える※」と言ってきたが、持続可能な未来に向けて、アーバンファーミングという「粋な未来をつくる革命」はすでに世界各地ではじまっている。ぼくらにできることは引き続きそれぞれの創造性を生かして、共に未来への希望の種をまき続けることだ。本書がその一助となること、そして読者から一人でも多くのアーバンファーマーが誕生し、共に未来をつくる仲間になってくれることを祈っています。

近藤ヒデノリ

※ ハーバード大学政治学者エリカ・チェノウェスらによる3.5%の人々が非暴力的な方法で本気で立ち上がると社会が大きく変わるという研究。

SPECIAL THANKS

本書は、UNIVERSITY of CREATIVITY (UoC) のゼミ「都市の暮らしと文化を粋に再生しよう― Tokyo Urban Farming/Ciruclar Creativity Lab.」に参加してくれた仲間と共にリサーチし、書籍制作チームが合流して制作したもので、それぞれの得意を生かしてくれたチームTokyo Urban Farmingに感謝を捧げます。

チームTokyo Urban Farming

プロデューサー：小野勝彦、小杉祐美子、ミヤムラレイコ
アートディレクション：波戸祐輔
アンバサダー：藤井麗美、富樫恵子、山口有里、久我 愛、干場 晃、阿部真生、小関昭彦
Micro Farm・フードデザイン：木下敦雄、小枝指来実

最後に、いつもぼくを見守ってくれる妻と娘、母、妹、亡き父に感謝を捧げます。

REFERENCES

- 『Regeneration 再生 気候危機を今の世代で終わらせる』著：ポール・ホーケン 訳：江守正多、五頭美知(山と渓谷社)
- 『DRAW DOWN 地球温暖化を逆転させる100の方法』著：ポール・ホーケン 訳：江守正多、東出顕子(山と渓谷社)
- 『Earth for All 万人のための地球：「成長の限界」から50年 ローマクラブ新レポート』
  著：Sandrine Dixson-Declève, Owen Gaffney, Jayati Ghosh, Jorgen Randers, Johan Rockström , Per Espen Stoknes
  監修・翻訳：武内和彦、ローマクラブ日本 翻訳：森秀行、高橋康夫(丸善出版)
- 『まちを変える都市型農園』著：新保奈穂美(学芸出版社)
- 『コミュニティガーデン ―― 市民が進める緑のまちづくり』著：越川秀治(学芸出版社)
- 『東京農業クリエイターズ』著：小野 淳(イカロス出版)
- 『江戸東京野菜 物語篇』著：大竹道茂(農山漁村文化協会)
- 『スイス領事の見た幕末日本』著：ルドルフ・リンダウ 訳：森本英夫(新人物往来社)
- 『スローフード宣言 ―― 食べることは生きること』著：アリス・ウォータース、ボブ・キャロウ、クリスティーナ・ミューラー 訳：小野寺 愛(海士の風)
- 『On Good Land この土地がくれたもの』著：マイケル・エイブルマン 訳：藤坂 聡(フレックス・ファーム)
- 『八百屋と考えるオーガニック』著：warmerwarmer高橋一也(アノニマ・スタジオ)
- 『人新世の「資本論」』著：斎藤幸平(集英社)
- 『コモンズ思考をマッピングする ―― ポスト資本主義的ガバナンス』著：山本眞人(BMFT出版部)
- 『わたしたちのウェルビーイングをつくりあうために』監修・編著：渡邊淳司、ドミニク・チェン(ビー・エヌ・エヌ新社)
- 『Humankind 希望の歴史 人類が善き未来をつくるための18章』著：ルトガー・ブレグマン 訳：野中香方子(文藝春秋)
- 『ブループリント：「よい未来」を築くための進化論と人類史』著：ニコラス・クリスタキス 訳：鬼澤 忍、塩原通緒(NewsPicksパブリッシング)
- 『成熟社会 新しい文明の選択』著：デニス・ガボール 訳：林 雄二郎(講談社)
- 『SINIC理論 過去半世紀を言い当て、来たる半世紀を予測するオムロンの未来学』著：中間真一(日本能率協会マネジメントセンター)
- 『都会からはじまる新しい生き方のデザイン―URBAN PERMACULTURE GUIDE』
  監修：ソーヤー・海 編：東京アーバンパーマカルチャー(エムエム・ブックス)
- 『エレガント・シンプリシティ「簡素」に美しく生きる』著：サティシュ・クマール 訳：辻 信一(NHK出版)
- 『ガンジー 自立の思想 自分の手で紡ぐ未来』著：M.K.ガンジー 編：田畑 健 訳：片山佳代子(地湧社)
- 『地域主権という希望』著：岸本聡子(大月書店)
- 『ユートピアだより』著：ウィリアム・モリス 訳：川端康雄(岩波書店)
- 『優雅な生活が最高の復讐である』著：カルヴィン・トムキンズ 訳：青山 南(新潮社)
- 『BEUYS IN JAPAN ヨーゼフ・ボイス よみがえる革命』編：水戸芸術館現代美術センター(フィルムアート社)
- 『植物考』著：藤原辰史(生きのびるブックス)
- 『GEIDO論』著：熊倉敬聡(春秋社)
- 『都市農地の価値を最大化するコミュニティ農園』(株)農天気代表／NPO法人くにたち農園の会理事長 小野 淳、土地総合研究 2022年冬号
- 『市民農園の設置状況』農林水産省

CROWDFUNDING SUPPORTERS

小野勝彦	Tetsuto Shimoyama	刀田聡子	Takahashi Makoto
小杉祐美子	Kadota Hyo	Ezoe Naoki	Shida Kooichi
今井高志	田辺邦彦	森迫尚哉	くみちゃん
武井浩三	Hattori Ryoko	瀬田美樹	Kusaka Nahoko
Yokoyama Shiina	鈴木枝里	中野瑞子	四方幸子
近藤ヒデノリ	Teppei	misa	良川 葵
RZPアメリ	Uchida Shinichi	rumiko	むうたら
森下茂雄	manabe mariko	松丸里歩	岩本真佐一
山名清隆	Nori@tree	aya	渡邊 徹
ロビー	じゅんじゅん	時光乃理子	papo
今井浩一	ギレン	佐藤聖子	小宮山 公
とも	ノジョーNOJYO	波多野昌樹	牟田由喜子
高木智子	千田一徳	Akita-inu Sango	上野恵里子
山口有里	Nakamura Kengo	Abe Kazuo	木下敦雄
増本眞美	Manabu Ozato	水島正幸	Oshimoto Yuri
山子瑞恵	中島秀典	cherubim	Takahashi Masamitsu
RYO	にいのさん	西井久美子	秋本義朗
Suto Shoko	日野原 錦	りえちゃん	Suzuki Nao
大谷恵美子	オザ	奥田友行	たろう
深野弘之	増井友加里	山口伸祐	佐藤 由
芹澤孝悦	鈴木洋見	Shuto Miwako	Mao

SPECIAL SUPPORTERS

Beeslow Inc.
株式会社ボーデン

Asako Imazeki	佐東賢一	たくや	河島春佳
中村全宏	ひろ	moko	Naoko
笠井裕子	haru	吉田和樹	あゆ
Asaba Toshi	下枝弘樹	吉田祐治	Sawaki Minori
Jackmu	越川誠司	小山宮佳江	Koseki Akihiko
丹下哲男	綾(ハチドリーズ)	太田 亮	Yasunori Takahashi
zmk25	Mutsumi	るみみん	まどか
前川哲弥	ココペリ	Akashi Osamu	Kawamura Wakana
迫田 博	フダ ヤスコ	関 朋子	Oku
堀 雅木	Yoshida Ryosuke	小野 淳	服部祐佳
Greenery Japan	塚田菜々恵	松本正毅	pon
きたじま	佐藤彰洋	Kubota Aya	Taisho Matsuguma
江副真文	大浦イッセイ	yoyoma	安田真由美
たいら由以子	andy	yuka	くりはらゆうこ
ベイコン ジェシー	ひろと	洋太・柊太	大原智史
Aki.I	中西 忍	小野 桃	あずまっち
MontBlanc	小西琴美	いぬかい良成	Iizuka Honami
森川正信	千田弘和	小杉美知子	
風間真知子	sns	ほっぺ	and more
福永順彦	kei	三宅祐介	(240名)
なかぬす	星 裕方	山田眞実子	

近藤ヒデノリ

HIDENORI KONDO

Tokyo Urban Farming発起人、UNIVERSITY of CREATIVITY (UoC) サステナビリティフィールドディレクター。博報堂でCMプランナーとして勤務後、NYU/国際写真センター(ICP)修士課程で学び、9.11直前に復職。近年は「サステナブルクリエイティビティー」を軸に企業や地域のブランディング、メディア、PR、イベント企画等に携わり、2020年創造性の研究機関UoC発足に参加。持続可能な社会創造に向け、領域を越えた創造性の教育・研究・社会実装を行っている。地域共生のいえ「KYODO HOUSE」主宰。編著に『都会からはじまる新しい生き方のデザイン-URBAN PERMACULTURE GUIDE』等多数。グッドデザイン賞審査員をはじめ審査員・講演も多数務める。

アートディレクター	宮崎絵美子(seisakujo)
写真	高田洋三(Sheepstudio)
取材執筆	宇都宮浩、曽田夕紀子(miguel.)、張江浩司
イラスト	ヤマグチカヨ
編集	浅見英治(TWO VIRGINS)

SPECIAL THANKS

Tokyo Urban Farming発足メンバー：
加能裕一郎(プロトリーフ)、芹澤孝悦(PLANTIO)、
服部暁文(JR東日本)
UNIVERSITY of CREATIVITY：
市耒健太郎、飯塚帆南、伊津聡恵、加藤昌治、
宍戸孝一郎、那須康弘、星出祐輔、渡辺留美子

Urban Farming Life

2023年5月31日　初版第1刷　発行

監修	近藤ヒデノリ+Tokyo Urban Farming

executive producer　Blue Jay Way

発行者	後藤佑介
発行所	株式会社トゥーヴァージンズ
	〒102-0073 東京都千代田区九段北4-1-3
	電話：(03)5212-7442　FAX：(03)5212-7889
	https://www.twovirgins.jp/
印刷所	株式会社シナノ

ISBN 978-4-910352-58-9
©TWO VIRGINS 2023
Printed in Japan